LA
CHYROMANTIE
NATVRELLE
DE
RONPHILE

A LYON,

Chez ANTOINE IVLLIERON,
Imprimeur & Marchand Libraire, de-
meurant en ruë Raisin.

M. DC. LXVI.

Auec Approbation & Permission

A

MADEMOISELLE

BRVNETIERE.

MADEMOISELLE,

L'amitié que j'ay pour mon cher Ronphyle , cette *vnion indiſſoluble des cœurs, ou pour parler plus veritable-ment , cette transformation merueilleuſe des eſprits & des volontez, ne me rendroit pas comme elle fait, vne meſme choſe auec luy, ſi j'auois de vous d'autres ſentimens que ceux qu'il en a ; & ſi je ne vous of-frois ſa Chyromantie, qu'il ne m'a fait Tra-

A 2   duire

duire que pour vous l'offrir. Figurez-vous,
mon cher Amy (me dit cet autre moy-mef-
me, lors qu'il me pria de faire cette Traduction) que vous trauaillerez pour la perfonne du monde la plus accomplie ; dans
qui toutes les vertus & toutes les graces
ont étably leur fouuerain empire ; qui ne
fçauroit manquer d'auoir la plus belle
main de la terre, comme elle a le plus bel
efprit que l'on puiffe auoir; qui fait profeffion d'vne haute generofité, & d'vne ci-
uilité qui n'a rien d'affecté, quoy qu'elle
n'ait rien de commun ; dont les moindres
actions font faites d'vn air tout noble
& tout furprenant, qui charme & qui
eftonne en mefme temps ceux qui les con-
fiderent ; & dont la grande ame eft toûjours admirablement bien concertée dans
toute forte d'euenemens, & ne fouffre
point de changement par celuy du refte

des

EPISTRE.

des choses ; qui porte imprimé sur le front
un caractere de douceur & de majesté,
qui imprime l'amour & le respect dans
les cœurs, & qui la rend tout à la fois
également aymable & redoutable ; qui
sçait si agreablement méler la modestie
& la gayeté, la seriosité & l'enjoüement,
que l'on n'a jamais vû rien de si serieux
ny de si enjoüé, rien de si gay ny de si mo-
deste tout ensemble ; en un mot, qui
possede eminemment tous les charmes
& tous les attraits de son sexe, & toute la solidité & toute la force d'esprit du
nostre. Ces eloges si precis, MADE-
MOISELLE, mais au reste, qui vous
sont si auantageux, ont eu dans mon
esprit tout l'effet que cet incomparable
Amy vouloit qu'ils y eussent ; Car comme
je sçay de certitude, qu'il a le meilleur
jugement du monde, je n'ay fait nulle

ã 3   difficulté

EPISTRE.

difficulté de croire apres luy, que vous
ne soyez digne de la veneration de toute
la terre. Ie me suis persüadé, que vous
auiez en souuerain degré toutes les rares
qualitez qui peuuent rendre vne personne
recommandable ; vous m'auez parû dans
vn estat de gloire, à quoy mes pensées ne
sçauroient jamais rien adjoûter, & il
n'est point d'eleuation où mon imagination n'ait porté vostre merite. Voila,
MADEMOISELLE, le veritable
effet que les loüanges que ce fidelle Amy
vous a si legitimement données, ont eu
dans mon esprit : mais à vous parler
sincerement, il faut que je vous auoüe que
ce premier effet y en a produit d'autres bien
differens de ceux qu'il pretendoit qu'il y
produisit. Il pensoit par là me pousser à
faire plus promptement cette Traduction,
& il m'a fait apprehender estrangement

d'y

EPISTRE.

d'y mettre la main ; il croyoit me porter
puiſſamment à vous l'offrir de meilleure
grace lors que je l'aurois acheuée, & il a
eſté cauſe que la voyant ſi mal acheuée, je
ne puis vous l'offrir qu'auec beaucoup de
honte & de confuſion ; Enfin il vouloit
me faire connoiſtre, que tout vous eſtant
deu, comme à vne perſonne toute parfaite,
Ie vous deuois cette Chyromantie ; & il
m'a fait voir clairement qu'a vn auſſi
excellent eſprit que le voſtre, l'on ne
deuoit preſenter que d'excellentes choſes,
& par vne ſuite neceſſaire, qu'il y a plus
de la temerité que du deuoir, de vous
preſenter cette Chyromantie, laquelle bien
qu'elle ſoit digne de toute voſtre eſtime,
& par ſa matiere & par la premiere forme dont ce ſage Amy l'auoit embellie, eſt
neantmoins infiniment décheuë de cette
gloire extraordinaire, par la nouuelle for-

EPISTRE.

me que je luy ay donnée moy-mesme. Aussi ne me serois-je jamais pû resoudre à vous la presenter, si cet injuste Amy, qui est tout-puissant sur mon esprit, ne m'y eust absolument forcé ; & si entre vos admirables vertus, dont il m'a fait le dénombrement avec toute l'exactitude possible, il n'eust mis vostre extreme bonté au rang des premieres. C'est sans doute de cette extreme bonté que j'ay besoin presentement, que je vous rends un hommage, que je ne vous puis rendre qu'en tremblant; & c'est d'elle aussi que j'auray besoin tous les momens de ma vie, afin qu'elle vous fasse souffrir les protestations que j'ay dessein de vous y faire, d'estre inuiolablement

MADEMOISELLE,

Vostre tres-humble & tres-obeissant
seruiteur,

RAMPALLE.

PREFACE.

A Chyromantie est maintenant décriée par tant de langues, & noircie de tant d'injures, qu'il n'est presque plus personne qui ose ouuertement ny prendre son party, ny deffendre son honneur. Les hommes mesmes les plus sages en ont esté reduits à ces extremitez, & par l'opinion du vulgaire, qui ne sçauroit se figurer que l'on puisse connoistre sans magie quelque chose future par les lignes des mains ; & par l'ignorance des Chyromantiens, qui n'ont pas sçeu ce qu'ils pouuoient sçauoir, & ont voulu sçauoir ce qui ne pouuoit pas tomber sous leur connoissance : D'où est venu que la Chyromantie n'a plus rien predit de vray ny de solide,

de, mais qu'elle s'est amusée à debiter de
bonne grace des imaginations, des fausse-
tez & des sottises.

Toutes-fois cette science ne perd rien
pour cela de son estime dans l'esprit des
personnes qui adjoûtent vn sçauoir eminent à vne haute sagesse ; parce que ces
personnes là considerant les choses comme elles sont, & ne les mesurant que par
elles-mesmes, ne se laissent pas emporter
aux communs sentimens du peuple. Ils
regardent donc la Chyromantie dans elle
mesme, & en mesme temps la reuerent
comme vne science tres-noble & tres-vti-
le : Noble, en ce qu'elle ressent en quelque façon sa Prophetie ; Vtile, en ce qu'elle fait voir presque tout l'homme dé-
peint en abregé dans vn tres-petit espace.
C'est cette science noble, vtile, & curieu-
se, qui enseigne à deuiner par les mains,
veu que le mot Grec, Χειρ, signifie en
François la main, & que μαντεία, vaut autant à dire que diuination ; C'est disje cette science que j'entreprends d'enseigner

moy

PREFACE.

moy - mefme. Et afin de le faire auec
plus d'ordre & de clarté , j'ay jugé à pro-
pos de diuifer ce Traité en deux parties;
En la premiere defquelles j'expliqueray
la nature & les caufes des lignes de la
main ; & en la feconde je traiteray de la
diuination , ou des jugemens que l'on peut
tirer de ces lignes.

ADVERTISSEMENT.

Comme il eſt tres - difficile qu'il ne ſe gliſſe touſiours
quelques fautes dans l'impreſſion, je te prie , Lecteur,
de corriger les deux ſuiuantes qui ſont conſiderables.
En la page 23. ligne 19. pour , ne ſont pas des accidens,
mets , ne ſont que des accidens : & en la page 46. ligne
penultienne . pour , plus auantageuſe, mets, plus deſauantageuſes.

TABLE

TABLE
DES PARTIES
ET DES ARTICLES
de la Chyromantie.

PREMIERE PARTIE.

De la nature & des causes des lignes de la main.

TABLE.

SECONDE

TABLE.

SECONDE PARTIE.

De la diuination & des iugemens qu'on tire des lignes de la main.

Art.

Approbation

Approbation des Docteurs.

CEtte Traduction Françoise de la *Chyromantie natu-relle de Ronphile, par le sieur Rampalle,* est agreable, c'est vn net miroüer ou chacun se peut connoistre, & sans scrupule (auec discretion toutefois) on la peut lire, ne conte-nant rien qui choque, ny la Foy ny les bonnes mœurs. Ainsi nous soubssignez Docteurs en Theologie l'attestons. Fait à Lyon ce 6. Feurier 1653.

  Fr. MOLIN, Carme.   Fr. M. MICARD, Mineur.

A Messieurs, Messieurs les Seneschal & Presidiaux de Lyon.

SVpplie humblement Antoine Iullieron Marchand Libraire à Lyon.

A ce qu'il vous plaise, mesdits Sieurs, luy permettre de reimprimer le Liure intitulé *la Chyromantie naturelle de Ronphile,* par luy cy-deuant imprimé, en-suite de l'appro-bation des R. P. Molin Carme, & Micard de l'Ordre des Freres Mineurs, Docteurs en Sorbonne de la Faculté de Paris, Licence de Messire de Ville Vicaire General substitué, consentement de Messieurs les Gens du Roy, & de nostre Ordonnance du sixiéme Fevrier mil six cens cinquante-trois, le tout cy joint : Auec deffenses à tous autres, en tel cas re-quises, de faire ladite impression ; Et ferez justice.

   ANTOINE IVLLIERON.

ROVGNARD le jeune.

VEV la Requeste cy-dessus, j'adhere aux fins & con-clusions d'icelle. A Lyon, ce vingt-neufviéme Nouem-bre mil six cens soixante-cinq.

   VIDAVD.

Soit fait comme il est requis. Fait les jour & an que dessus.

   SEVE.

PREMIERE

PREMIERE PARTIE

DE LA

CHYROMANTIE;

De la nature, & des causes des lignes de la Main.

ARTICLE I.

Diuision de la Main.

A Main est diuisée communément en trois parties, dont la premiere est sa jointure auec le bras ; & celle-cy est la plus courte, & composée de moins de lignes; La seconde & la principale est la paulme, laquelle enferme tout l'espace qui est entre la jointure de la main auec le bras & les racines des doigts, & c'est celle-cy qui contient principalement les lignes, les estoilles, les monts, les croix, les triangles, & tout le reste dont je parleray plus bas : Enfin la troisiéme est composée des doigts seulement, en chacun desquels il y a plusieurs jointures, & quelque-fois mesme des lignes.

A

La

La pattie superieure de la main est celle où est le gros doigt, & l'inferieure au contraire est celle où le petit doigt est logé. Ce qui ne se doit pas pourtant entendre en toutes façons ; Car d'ailleurs, la partie de la main où les doigts sont placez est aussi la superieure, & celle où la main se joint au bras est l'inferieure. Vous comprendrez aisément tout cecy par le moyen d'vne figure que je vay vous mettre deuant les yeux, si vous voulez vous donner la peine de les y arrester.

FIGVRE

FIGVRE

Pour l'intelligence de l'article. I.

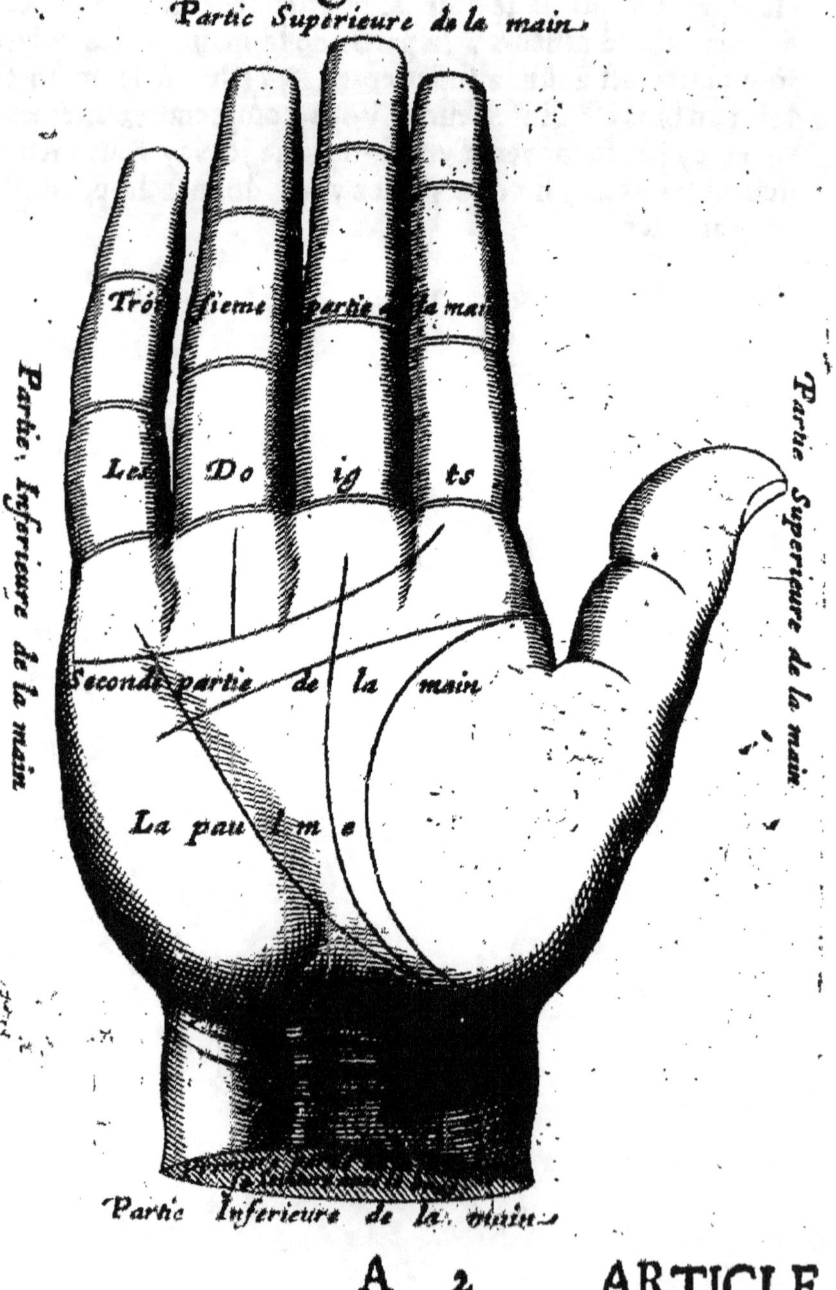

Partie Supérieure de la main

Troisieme partie de la main

Les Doigts

Partie Inferieure de la main

Partie Superieure de la main

Seconde partie de la main

La paulme

Partie Inferieure de la main

A 2   ARTICLE

ARTICLE II.

Noms des principales lignes.

LEs lignes qui font en la jointure ou premiere partie de la main , font toutes appellées Reſtraintes ou Ra-zetes , encore qu'il y en ait trois, quatre, ou plus. Mais les lignes de la paulme, qui eſt la feconde partie de la main, ne font pas ſi aizées à nommer. Ie les nommeray pourtant, commençant par celles qui touchent les Reſtraintes. Celle qui fait le tour de la montagne du poulce ou du gros doigt, eſt la ligne de la vie, ou du cœur. L'on a accouſtumé d'aſſigner ſon commencement ſous l'indice ou ſecond doigt,& ſa fin aux Reſtraintes. Celle qui monte vers le doigt du milieu,eſt communément appeilée ou la ligne Saturnale,ou la ligne du foye , ou la ligne de proſperité. I'ay dit qu'elle eſt communément appellée ainſi , parce que comme je diray en ſon lieu, quelques-vns veulent qu'elle ſoit la ligne de Mars. Elle prend ſon commencement vers les Reſtraintes, où la precedente ſe termine. Celle qui forme vn Angle ſous l'indice auec la Vitale , ou en ſon commencement , & deſcend vers la percuſſion ou ; coup de la main , coupant la Saturnale, eſt nommée la .gne naturelle, ou moyenne , ou bien encore la ligne du cerueau , & commence ſous l'indice , auſſi bien que celle du cœur. Enfin,celle qui s'en va du petit doigt à l'indice , porte le nom de ligne Menſale, commence ſous le mont du petit doigt , & ſe termine vers celuy de l'indice. Voila les quatre principales lignes, qui manquent fort rarement en la paulme de la main , & dont cette figure vous donnera l'intelligence.

FIGVRE

FIGVRE

Pour l'intelligence de l'article. II.

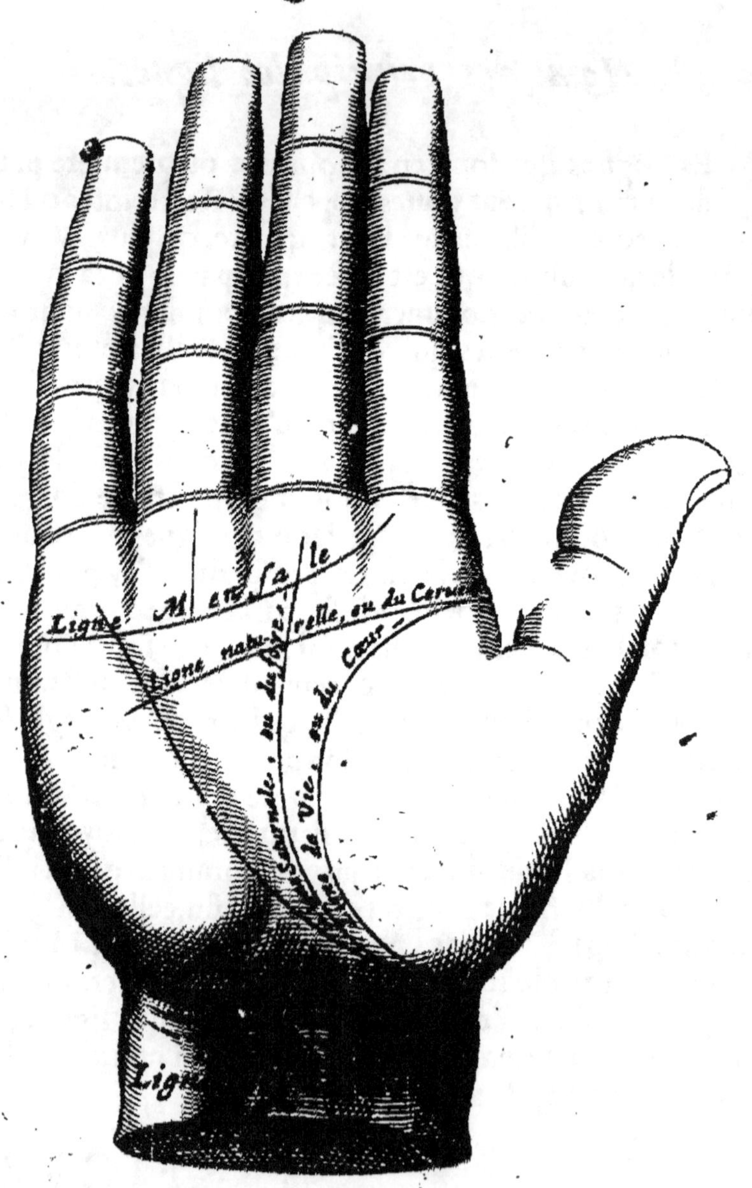

A 3   ARTICLE

ARTICLE III.

Noms des lignes moins principales.

VOus ne trouuerez pas toufiours dans la paulme de la main les lignes dont je vay faire le dénombrement; toutesfois elles ne manqueront point d'estre dans celles des personnes bien disposées. Celle qui sort de la Saturnale du costé où elle forme vn angle auec la Vitale, & qui monte vers la Menfale, faifant auffi vn angle, ou coupant les dernieres parties de celle du cerueau, est ordinairement appellée la voye de laict. Celle qui monte de la Menfale, vers le doigt de l'anneau, qui est le quatriéme, porte le beau titre de ligne du Soleil. Toutes celles qui fe rencontrent dans cet efpace du gros doigt, qui est entouré de la ligne de vie, font nommées les lignes de Venus. Enfin celle qui enferme les monts du doigt du milieu & de l'annulaire, est appellée la ceinture de Venus. Il est vray que cette derniere ligne n'est du tout point neceffaire pour la perfection de la main, mais elle marque pluftoft quelque excez, comme je diray plus bas. Il faut icy remarquer, que toutes les lignes dont j'ay parlé, foit en cet Article, foit au precedent font quelquesfois doublées, & alors celles qui doublent les autres font nommées leurs fœurs. Il fe peut faire auffi qu'il y ait beaucoup plus de lignes que je n'en ay marqué, tant en la paulme, qu'aux autres parties de la main; Mais comme elles ne font pas communes & qu'elles font diuerfes, & plus, ou moins multipliées felon la diuerfe difposition d'vn chacun, elles n'ont point auffi de noms qui leurs foient propres. Voicy donc la figure pour l'intelligence de cet Article.

FIGVRE

FIGVRE
Pour l'intelligence de l'article. III.

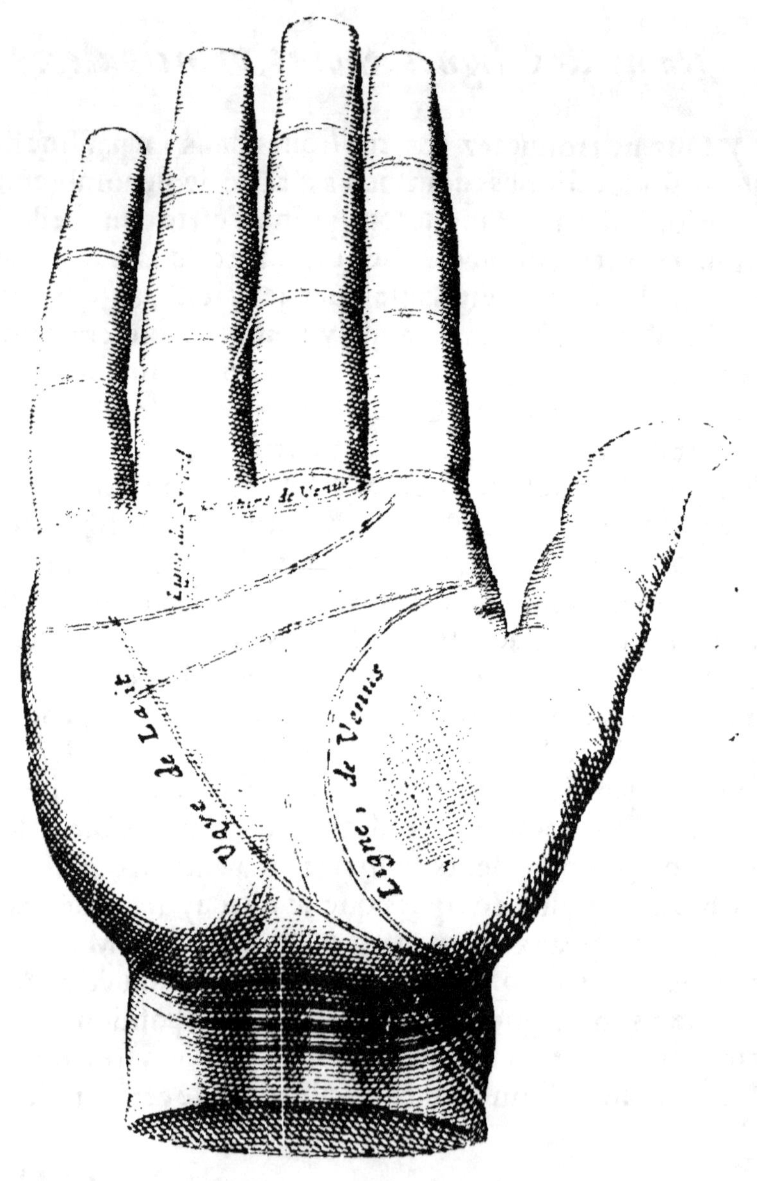

A 4   ARTICLE

ARTICLE IV.

Des figures que forment les lignes.

Estant parfaitement bien instruit de la situation & du
nom des lignes, il faut sçauoir les figures communes
qu'elles forment. La Vitale, la Saturnale, & la Naturelle font
le grand Triangle. L'Angle qui se fait de la Vitale, & de la
Naturelle, est nommé l'angle supreme, ou superieur ; celuy
qui se forme presque au milieu de la main, de la Saturnale, &
de la Naturelle, est appellé l'Angle gauche, & celuy qui prouient de l'vnion de la Vitale, & de la Saturnale, est nommé
l'Angle droit. Il se fait aussi vn Triangle de la Naturelle, de
la Saturnale, & de la voye de laict, qui est appellé le petit
Triangle, ou le Triangle mineur, dont les angles portent à
proportion les mêmes noms que ceux du Triangle majeur.
Enfin la Naturelle, la Mensale, la Saturnale, & la voye de
laict produisent vn quadrangle ou quarré, qui est appellé
vne partie de la Table, que les Latins nomment *Mensa*, laquelle comprend tout cét espace qui est entre la Mensale, &
la Naturelle ; espace qui est estroit au milieu de la main &
s'eslargit aux deux extremitez, c'est à dire, vers la percussion, & vers l'indice. Nous ne nous soucions pas à present
de parler des figures qui se forment par le concours des lignes accidentelles, qui ne sont pas communes à tous, parce
que nous en traiterons plus bas. Nous ne disons non plus
rien de particulier des croix, qui naissent de l'entrecoup-
pement des lignes communes, parce qu'elles se descouurent
assez d'elles-mesmes. Et pour ce qui est des figures qui se
forment sur le mont du poulce, de la multitude des lignes
de Venus, il n'y a rien aussi de particulier à remarquer, attendu qu'elles ne composent point de figures fermes &
constantes, & que d'ailleurs elles ne sont pas ordinairement
fort remarquables : si bien que pour l'entier acheuement de
cet Article nous n'auons qu'à adjoûter vne figure, qui fera
voir à l'œil tout ce qu'il contient.

FIGVRE

FIGVRE
Pour l'intelligence de l'article. IV.

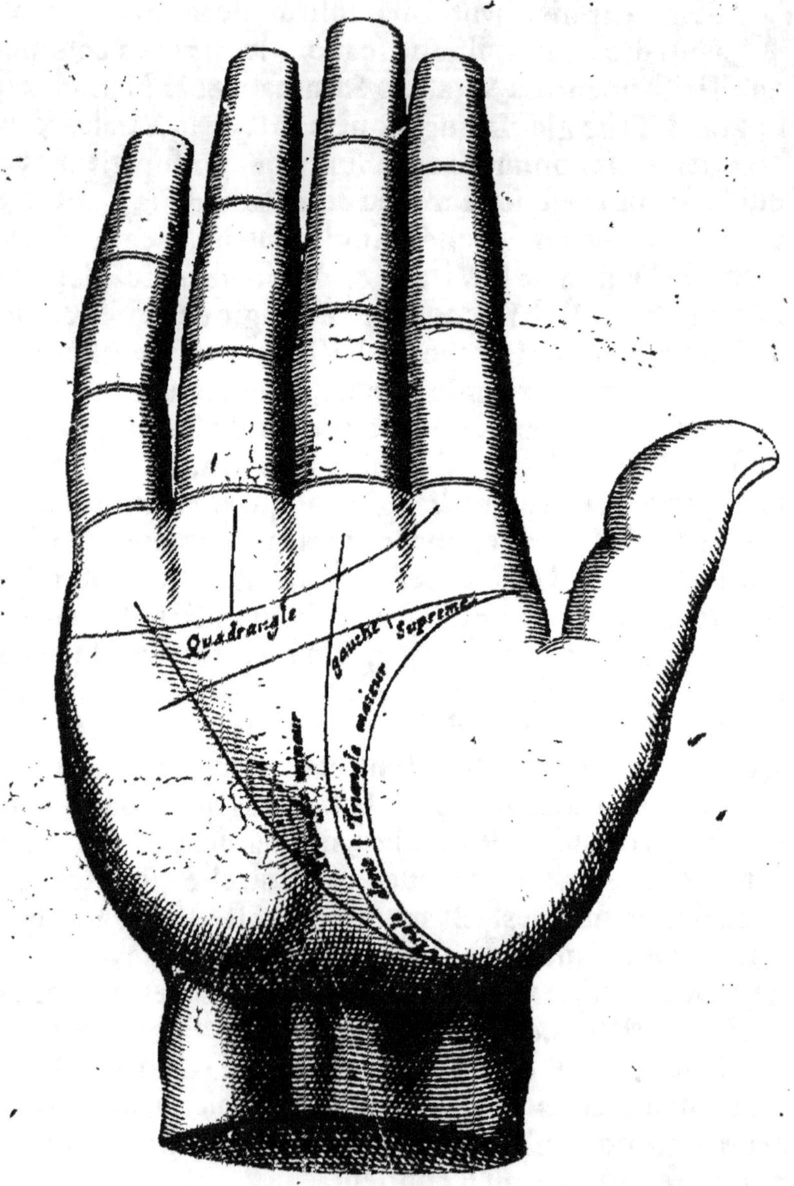

ARTICLE

ARTICLE V.

Des Montagnes, & de leurs Planetes.

IL ne reste plus rien pour la parfaite explication de la paulme de la main, que de declarer ses Montagnes, & les Planetes qui leur dominent. Ie ne rapporteray presentement que la commune opinion, me reseruant de dire en son lieu ce que les modernes enseignent, & si c'est auec raison. Ie dis donc, que cet espace qui est entre la premiere racine du gros doigt (laquelle est celle qui est la plus proche de la paulme) & entre la ligne du cœur, est la montagne de Venus, sujette à la Planete de mesme nom. En suite de la petite montagne qui est sous la premiere racine de l'indice ou du second doigt, est celle de Iupiter, qui est le Planete qui luy domine. Celle qui est sous la premiere racine du doigt du milieu, est celle de Saturne, à la domination de qui elle est soumise. Celle qui est sous la premiere racine du doigt de l'anneau, est celle du Soleil, & c'est sur elle que ce bel astre exerce son Empire. Celle qni est sous la premiere racine du cinquiesme doigt, qui est l'auriculaire, est celle de Mercure, qui a son domaine sur elle. Le Triangle majeur est celle de Mars, & le Planete qui porte ce nom est celuy qu'elle reconnoit pour son Souuerain. Enfin cet espace, qui est depuis la voye de laict jusqu'à la percussion de la main, est celle de la Lune, & par consequent elle est de la dependance de cette humide Planete.

Mais afin que le mot de percussion de la main, dont j'ay esté desia obligé de me seruir d'autre-fois, ne vous arreste pas, vous deuez sçauoir que ce n'est autre chose que cet endroit de la main qui finit la paulme, vn peu au delà de l'extremité de la ligne du cerueau, & vn peu au dessus de la premiere Razete, en la mesme partie inferieure de la main. Voicy maintenant la figure qui est necessaire à l'éclaircissement de cet Article.

FIGVRE

FIGVRE
Pour l'intelligence de l'article. V.

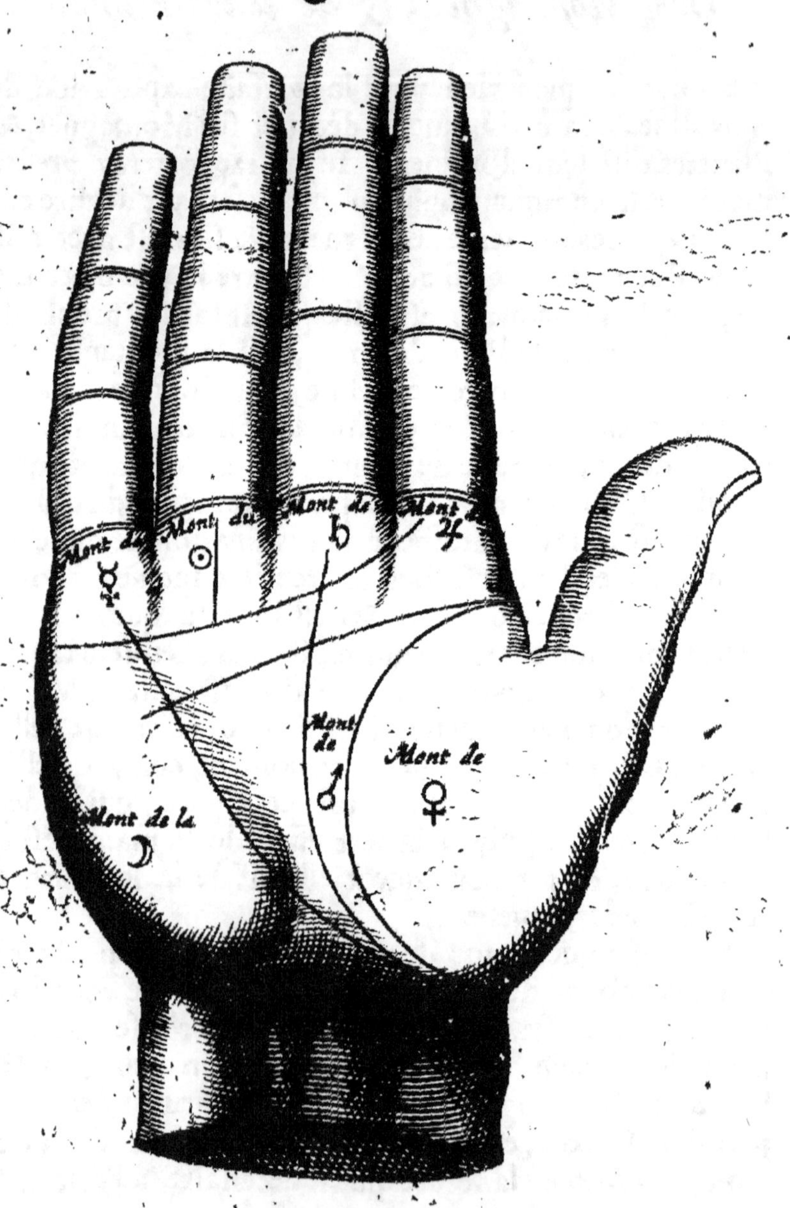

ARTICLE

ARTICLE VI.

Des doigts, & de leurs parties.

Apres auoir expliqué la premiere & la seconde partie de la main, je passe à l'explication de la troisiéme. Le gros doigt est appellé le poulce. Le second l'indice, le troisiéme le mitoyen ou le Medecin, celuy qui suit l'Annulaire, & le petit l'Auriculaire. Outre cela le poulce est le doigt de Venus, l'indice est celuy de Iupiter, le mitoyen est celuy de Saturne, l'annulaire est celuy du Soleil, & l'auriculaire est celuy de Mercure.

La premiere racine, & la premiere jointure des doigts, est celle qui en est la plus proche apres la premiere ; & la troisiéme, est celle qui en est absolument la plus esloignée. Il n'est personne du monde qui ne s'accorde ordinairement en tout ce que j'ay dit jusques icy ; Maintenant il faut examiner auec vne égale prudence & solidité, si des diuerses dispositions des lignes & des figures, l'on peut prejuger certainement, probablement, ou en quelque-autre façon des euenemens futurs ; & c'est ce que je feray dans les deux Articles suiuans, apres auoir donné vne figure qui serue à faire comprendre aisément ce que j'ay aduancé dans celuy-cy.

FIGVRE

FIGVRE.
Pour l'intelligence de l'article. VI.

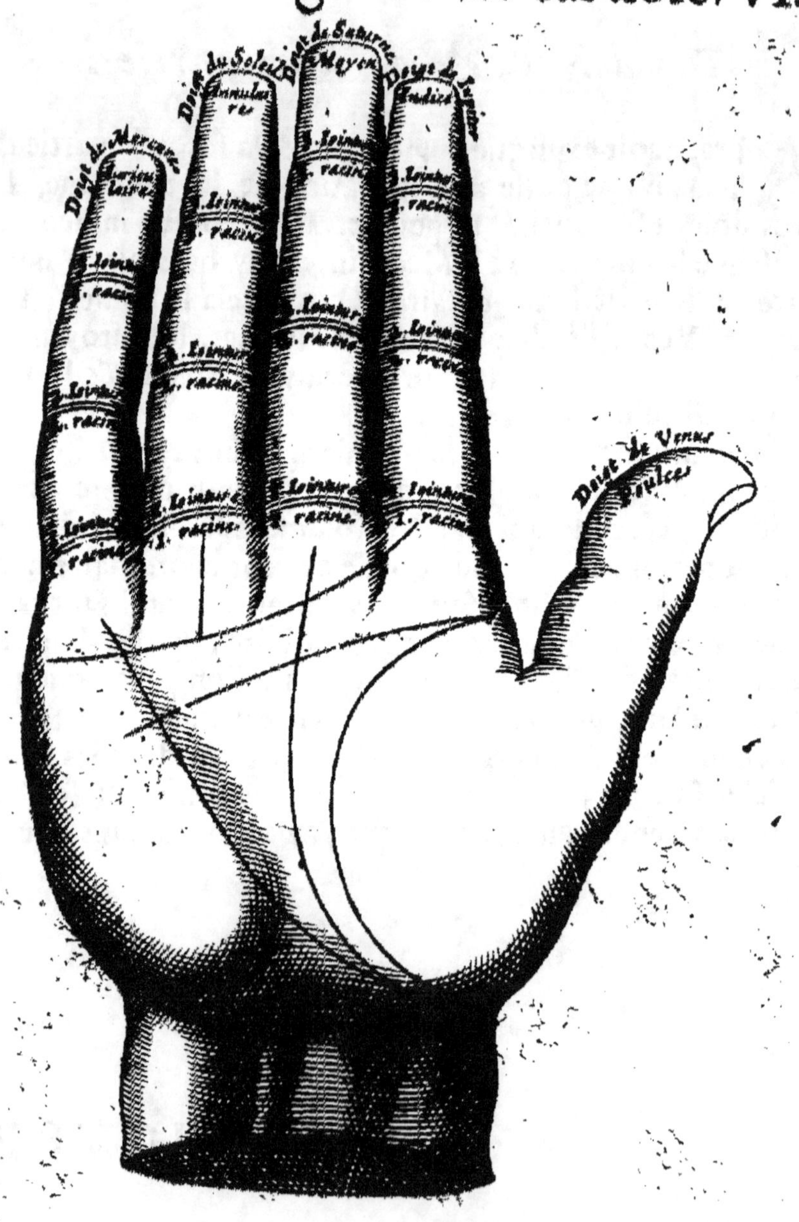

ARTICLE

ARTICLE VII.

Si l'on peut connoiſtre certainement les Eue-
nemens futurs & contingens par
la Chyromantie ?

IL ſemble d'abord que l'on puiſſe preuoir auec certitude les euenemens futurs & contingens par la Chyromantie; Car premierement qu'y a-t'il de plus contingent que les actions & les œuures des hommes ? Et cependant il eſt dit dans le Chapitre 37. du Liure de Iob , Que Dieu marque & met des ſignes dans la main de tous les hommes , afin qu'vn chacun d'eux connoiſſe ſes œuures ; Or il eſt viſible, qu'il n'y marque ces œuures que par les lignes, qui ſont ces ſignes myſterieux. En ſecond lieu, ces lignes n'ont point d'autre cauſe que la diſpoſition corporelle de l'homme ; Or il eſt indubitable, que de la connoiſſance d'vn effet l'on peut monter à la connoiſſance de ſa cauſe , & en ſuite que de la connoiſſance de cette cauſe l'on peut deſcendre à la connoiſſance d'vn autre effet, qui doit eſtre produit par elle. Enfin l'experience nous force d'auouër , qu'il y en a eu pluſieurs qui ont eſté tres-ſçauans en cette ſcience de deuiner , & qui ont predit quantité de choſes veritables long-temps auparauant qu'elles fuſſent arriuées.

Neantmoins , je tiens qu'il eſt impoſſible de preuoir certainement ces euenemens futurs à la faueur de la Chyromantie. Et la raiſon en eſt tres-euidente ; Car connoiſtre certainement quelque choſe c'eſt la connoiſtre determiné-ment , ce qui repugne au futur contingent lequel n'a point du tout de determination , (ſi ce n'eſt dans les Decrets di-uins & dans l'Eternité , que l'on ne ſçauroit penetrer natu-rellement) puiſqu'vne choſe contingente n'eſt qu'vne choſe

se qui est de soy indifferente à estre, ou à n'estre pas, & par consequent qui est indeterminée. Et ne vous figurez pas que l'on puisse du moins connoistre certainement par la Chyromantie les choses passées contingentes, comme ayant esté determinées dans elles-mesmes ; Car l'on ne sçauroit voir que dans les diuins Decrets, & dans l'Eternité cette determination, qui a esté, mais qui n'est plus dans ces choses passées. Ie ne nie pas pourtant que si elles ont laissé apres soy quelques effets qui leur soient propres, l'on ne puisse colliger qu'elles ayent esté ; mais ie nie, que les lignes & les figures des mains soient ces effects, & par vne suitte necessaire que l'on puisse arriuer par elles à leur connoissance certaine. Ce qui ne conclud pas moins pour les choses naturelles, que pour les libres, & qui dépendent de la volonté des hommes.

Et pour ce qui est des raisons que j'ay apportées au commencement, elles ne sont pas si fortes qu'elles nous doiuent faire hesiter à embrasser cette opinion ; Car ie responds à la premiere, que par le nom de main il faut entendre l'entendement, par lequel nous sommes marquez, & comme sceélez à l'image de Dieu, & par lequel aussi nous connoissons les œuures que nous deuons faire. Au reste cette explication ne doit pas paroistre forcée ; puis que toutes les fois que l'Escriture dit, que Dieu a vne main, ou qu'il fait quelque chose auec elle. Il est visible que l'on ne peut entendre par le nom de main, que l'Entendement diuin. Mais quand cela ne seroit pas, comme il est, l'on ne sçauroit rien tirer de ce passage de Iob, si ce n'est que l'on peut connoistre tout au plus par les lignes des mains les choses contingentes naturelles, qui ne dependent point de la liberté des hommes, & non pas les libres. Et encore cette connoissance ne sçauroit-elle estre auec toute la certitude qu'on pourroit desirer, mais seulement auec celle qu'apportent les conjectures & les vray-semblances : Et elle ne sçauroit estre des choses en particulier & en l'indiuidu, mais seulement en general & en leur espece, comme j'expliqueray

plus

plus au long dans l'Article fuiuant. C'eſt auſſi tout ce que
les autres raiſons peuuent prouuer, A quoy il faut adjoûter,
pour l'entier éclairciſſement de la derniere, que, tout le monde ſçait aſſez combien ſouuent ces diſeurs de bonne fortune ſe ſont trompez , & combien ſouuent ils en ont trompez d'autres, qui donnoient trop legerement creance à leurs
reſueries.

ARTICLE VIII.

Si l'on peut preuoir probablement les futurs
contingens par la Chyromantie?

IL y a bien de l'apparence que l'on ne puiſſe pas connoiſtre, meſme probablement, les choſes à venir, & contingentes, par la Chyromantie ; Car la probabilité, ou la
conjecture, ne ſe tire que de la connoiſſance de quelque effet contingent , ou de quelque cauſe ſemblablement contingente ; ce qui ne ſçauroit conuenir aux lignes de la main,
puis qu'elles ſont determinées, l'vne prouenant du cerueau,
l'autre du cœur, & ainſi des autres. D'ailleurs la conjecture d'vn effet contingent ne doit plus eſtre , dés que l'effet
commence d'eſtre, ou qu'il commence à n'eſtre plus : Or
l'experience nous fait voir clairement, que les figures de la
main qui marquent quelques effets futurs ne s'effacent pas,
lors que ces effets ſont, ou preſens, ou paſſez : Il eſt donc
bien certain , que l'on ne ſçauroit tirer aucune conjecture
des euenemens futurs par ces lignes & ces figures. Mais enfin ſi cela eſtoit, que l'on peut connoiſtre probablement &
par conjecture quelques-vns de ces euenemens futurs ; puis
qu'il n'eſt point de raiſon pourquoy l'vn puiſſe eſtre connû
pluſtot que l'autre ; Il faudroit dire, que tous pourroient
eſtre connûs également ; & ces euenemens eſtans preſque
                                                    innom

innombrables ; & d'ailleurs à raiſon de leur contingence eſtant ſujets à arriuer, ou à n'arriuer pas ; & pour encherir encore ſur cela, lors meſme qu'ils arriuent eſtant accompagnez de tant de circonſtances diuerſes, certainement il faudroit dire auſſi, que les lignes de nos mains ſe changeroient tous les jours & à tous momens, pour repreſenter des changemens ſi frequens & ſi ordinaires : Et c'eſt ce qui ne ſe peut dire, à moins que noſtre veuë démente noſtre langue, puis qu'elle nous apprend que nos mains demeurent immuables, & de la meſme façon depuis l'aage de dix ans juſqu'à l'aage viril, & à la plus aduancée vieilleſſe. Il eſt donc aiſé de conclurre, apres ces raiſonnemens, que les futurs contingens ne ſçauroient eſtre connûs auec quelque probabilité par la Chyromantie.

Quelques fortes pourtant que ſoient ces trois preuues, elles ne me conuainquent pas entierement, & ne m'empeſchent pas d'auoir vn ſentiment, qui eſt en quelque façon contraire à l'opinion qu'elles eſtabliſſent, & que j'explique par trois concluſions.

La premiere eſt, qu'il eſt tres-difficile de preuoir conjecturellement quelque euenement contingent, meſme naturel, par la Chyromantie ; puiſque ſes Autheurs ne tombent pas d'accord, ny des noms qu'il faut donner aux lignes, ny des parties du corps, qui en ſont les cauſes ; & qu'ils ne ſçauent point certainement quels ſont les Planetes qui leur dominent.

La deuxiéme eſt, que l'on peut pourtant conjecturer le temperament, les diſpoſitions & les inclinations des perſonnes par la vraye Chyromantie (je dis par la vraye Chyromantie, parce qu'à peine oſe-je nommer vraye celle qu'on enſeigne, & dont on ſe ſert aujourd'huy.) Le Prince de la Philoſophie Ariſtote eſt de ce ſentiment, lors qu'il approuue la Chyromantie dans ſes Problemes, Section 10. Probleme 48. & dans ſon Liure de l'Hiſtoire des Animaux Chapitre 1. Et cette verité eſt auſſi enſeignée dans le Chapitre

pitre

pitre 37. du Liure de Iob, où il est porté tres-expressément,
ainsi que j'ay dés-ja dit, que Dieu marque les œuures de tous
les hommes dans leurs mains, afin qu'vn chacun d'eux les
connoisse, ce qui ne se doit expliquer à la lettre que de la
Chyromantie, & selon le sens que je luy ay donné en la
seconde Response que j'ay faite sur ce passage dans l'Article precedent : si ce n'est que l'on veüille parler mora'e-
ment. Il est vray que l'on pourroit repliquer sur cela, pour
affoiblir également, & la verité de ce passage & celle que
nous establissons par luy, qu'il n'a esté prononcé que par la
bouche de l'amy de Iob Eliu, dont les discours ne sont pas
tous veritables. Mais cela n'empesche pas qu'encore que
cette opinion ne soit pas vn article de foy, elle ne soit
tres-probable, comme estant appuyée de l'authorité d'vn
homme si prudent & si sage qu'estoit cet amy de Iob. Toutefois je ne m'arreste pas tant à la force de ces authoritez,
que je ne veüille montrer la solidité de cette conclusion
par quelque raisonnement. En voicy vn qui me semble assez euident pour la faire voir aux esprits les moins clair-
voyans. Les plus curieux Anathomistes ayant obserué que
les quatre lignes principales qui sont sur la paulme de la
main, se trouuent aussi presque en la mesme disposition
sur le cœur de l'homme, qui est comme le fondement &
le centre où se rapportent toutes ses autres parties, Il est
hors de doute, que la nature ne les y a pas imprimées inu-
tilement, & sans dessein ; & par consequent il est sans difficulté, que l'on pourra tirer de là quelle partie de nostre
corps a vn plus grand rapport auec chacune de ces lignes,
Et ce rapport ne pouuant estre, qu'ou de la cause à son effet, ou de la chose signifiée à son signe, il est visible que
la vraye Chyromantie aura la connoissance & du nom & de
l'origine de ces lignes ; & qu'elle pourra former ses jugemens & ses conjectures en les considerant auec toute l'at-
tention possible, & en mesurant les autres par elles. D'où
il est aisé de conclurre, que si par la vraye Chyromantie
l'œ

l'on confidere de la forte ces lignes, qui font communes à tous les hommes, quoy qu'elles foient diuerfes en
chacun d'eux, de cette diuerfité, qui comme je viens de dire à fa caufe, & fignifie quelque chofe de different dans
chaque homme, l'on pourra connoiftre conjecturellement
les diuers temperamens, & les inclinations differentes des
hommes.

La troifiéme & derniere conclufion eft, qu'il eft fi difficile de connoiftre le futur contingent, qui eft libre &
dependant de la volonté des hommes, que la conjecture
n'en peut eftre que tres-legere, & enueloppée de mille er-
reurs. La preuue en eft tres-forte, & tres euidente, pour
autant que tout ce qui eft libre eft extremément contingent
& fortuit, & ne fouffre point de determination, du moins
que l'on puiffe connoiftre naturellement : Car pour celle
qu'il a dans les Decrets de Dieu, elle eft au deffus de noftre
portée & de noftre connoiffance : Il eft donc indubitable,
que ce n'eft qu'auec vne extreme difficulté, & vne incertitu-
de prefque auffi grande, qu'on peut conjecturer des chofes
de cette nature. Et c'eft ce qui a pouffé tres-juftement l'E-
glife à deffendre rigoureufement & fous de griefues peines
cette Chyromantie Iudiciaire, ou pour mieux dire, temeraire, qui a l'effronterie de vouloir defcouurir les fecrets
des cœurs, & les chofes qui tiennent leur naiffance de la
liberté des hommes.

Ces trois veritez ne font nullement affoiblies par les trois
raifons que j'ay déduites au commencement de cét Article,
en faueur de l'opinion qui leur eft en quelque façon oppo-
fée ; Car je refponds à la premiere, qu'encore que les parties du corps humain foient determinées, leurs difpofitions
neantmoins ne le font pas, mais elles font diuerfes dans
diuers hommes, & ne font pas toûjours les mefmes dans
le mefme homme ; Si bien que les difpofitions diuerfes
des parties changeant diuerfement les difpofitions des lignes de la main de chaque homme, par la connoiffance de

ces diuerſes diſpoſitions des lignes de la main, l'on peut venir à la connoiſſance des diuerſes diſpoſitions des autres parties, & du temperament de chaque homme, De meſme je reſponds à la deuxiéme raiſon, qu'il eſt vray que la figure des lignes de la main ne ſe perd pas, quant à la ſubſtance, lors que l'effet qu'elle ſignifie eſt paſſé; mais auſſi eſt-il vray qu'elle ſe change quant à la façon dont elle eſt formée; tellement qu'vne ligne, par exemple, qui par ſa paleur, ou par quelque autre couleur mauuaiſe, marquoit la mauuaiſe diſpoſition du ſang, dés que cette indiſpoſition eſt paſſé, deuient claire & parfaitement bien colorée; & le meſme ſe doit dire des autres. Enfin, je reſponds à la troiſiéme & derniere objection, qu'il eſt conſtant par ce que j'ay dit dans mes concluſions, que la contingence n'eſt pas indiuiſible, qu'elle a ſon eſtenduë & ſes differences, qu'elle ne conuient pas également à tout ce à quoy elle conuient, & que de toutes les choſes contingentes, il y en a qui le ſont moins que les autres, & par conſequent qui peuuent mieux eſtre ſignifiées. C'eſt pourquoy je dis, quil faut que les circonſtances d'vne choſe contingente qui eſt directement ſignifiée par les lignes des mains, telle qu'eſt l'inclination, la diſpoſition ou le temperament d'vne perſonne, en ſoient auſſi ſignifiées; ce qui n'eſt pas d'vne choſe contingente, qui dépend de la volonté, & qui n'eſt pas directement ſignifiée. A quoy j'adjoûte qu'il eſt tres-faux, que la main ne ſouffre point de changement, puis qu'il s'y forme ſouuent de petites lignes qui n'y eſtoient pas auparauant, & que quelque-fois les principales ſe font ou plus grandes, ou plus petites. Outre que quand il ſeroit auſſi vray qu'il eſt faux, que les lignes & les figures des mains ne ſe changent jamais, quant à la ſubſtance, Il ſuffiroit qu'elle ſe changeaſſent quant à la façon dont elles ſont formées, ainſi que j'ay dés-ja expliqué. Mais afin que l'on puiſſe mieux conceuoir tout ce que j'ay dit juſqu'icy, & tout ce que je diray dans la ſuitte de ce Traitté, où je

parleray

parleray de la diuination qui se fait par la disposition des lignes, auant que d'en venir là, il faut que j'explique d'où c'est que ces lignes tirent leur naissance, & sous quels Planetes elles sont logées, ce que je feray dans les Articles suiuans de cette premiere Partie.

ARTICLE IX.

S'il est vray que les lignes des mains naissent de quelques parties de nostre corps ?

A Dire le vray, il semble que ce ne soit qu'vne imagination & vne resuerie, de dire que les lignes de nos mains tirent leur origine de quelques parties particulieres de nostre corps ; Car selon toutes les apparences du monde, elles ne viennent que de ce que nous plions ordinairement les mains, & non pas de quelques-vnes de ces parties. Et ce qui nous doit confirmer puissamment dans cette opinion, c'est que si les lignes procedoient de ces parties, elles deuroient estre ostées de nos mains dés que ces parties sont separées de nostre corps (estant bien certain qu'vne cause n'est pas plustot ostée, que son effet aussi est osté) ce qui neantmoins est tres-faux, puisque la ligne qu'on surnomme de la teste ou du cerueau ne se perd pas par la perte de la teste, ny celle du cœur par la perte du cœur, & ainsi de toutes les autres. Outre que si elles deuoient leur naissance à ces parties de nostre corps, elles en seroient les proprietez, & par consequent elles en seroient naturellement inseparables : & cependant cela n'est pas, l'experience nous monstrant que plusieurs hommes ont leur teste, leur cerueau, leur foye, leur cœur, & sont pourtant priuez des lignes, qu'on dit dériuer de ces parties. Il est donc tres-indubitable qu'elles n'en tirent point leur naissance.

Ie ne laiſſe pas neantmoins pour ces raiſons d'eſtre d'o-
pinion, que les principales lignes de nos mains naiſſent d'v-
ne façon toute particuliere de certaines parties de noſtre
corps. Ce que je prouue par ce raiſonnement. S'il eſt vray,
comme il eſt, & comme tous les Philoſophes l'aſſeurent
d'vn commun conſentement, que les œuures de la nature
ſont les œuures d'vne intelligence, c'eſt à dire, que tout
ce que fait la nature eſtant conduit par vne Intelligence
eternelle qui n'eſt autre que Dieu, ne peut eſtre que tres-
bien & tres-ſagement fait ; Il eſt infaillible, qu'elle a deu
faire noſtre corps de telle ſorte que les parties exterieures
fuſſent ſujettes aux interieures, comme aux plus nobles,
ſans deſordre & ſans confuſion : ce qui ne ſçauroit eſtre à
moins que les lignes de nos mains prennent leur origine de
certaines autres parties de noſtre corps : Il faut donc de
neceſſité qu'elles la prennent d'elles. Mais quand ce raiſonnement ne ſeroit pas aſſez conuainquant pour nous perſua-
der cette verité, l'experience qu'on a, que les lignes changent leur bonne ou leur mauuaiſe diſpoſition, ſelon la bonne ou la mauuaiſe diſpoſition de certaines parties de noſtre
corps, ne nous laiſſe pas lieu d'en douter, & nous fait tenir
pour tout aſſeuré, qu'elles doiuent tirer leur naiſſance de ces
parties. Il faut pourtant aduouër ingenuement, qu'encore
que chacune de ces lignes ſoient principalement produittes
par vne certaine partie, pluſieurs neantmoins concourent
enſemble à ſa production, & d'ailleurs que ce ne ſont que
des effets extremément foibles & extremement éloignez de
ces parties : & par vne ſuitte neceſſaire, qu'il eſt tres-mal-
aiſé de determiner en particulier de quelles parties elles viennent : Ce qui ne conuainc pas la Chyromantie de fauſſeté,
mais ſeulement d'vne extreme difficulté.

Quant aux raiſons qui choquent ce que j'ay aduancé,
elles ſont fort aiſées à ſoudre. Et pour la premiere, qui eſt
fondée ſur ce que ces lignes ſemblent ſe former de ce que
nous plions les mains, ſa fauſſeté eſt toute viſible ; Car ſi

ces

ces lignes venoient de là, puifque nous plions les mains depuis le commencement de la ligne menfale jufqu'au commencement de la naturelle, il faudroit que de l'vne & de l'autre il ne s'en fift qu'vne feule; ce qui eft vifiblement faux. Outre que nous auons quantité de lignes aux endroits de nos mains où elles ne fe plient point, & par confequent elles ne fçauroient venir de ces plis. La feconde raifon ne fe foud pas auec moins de facilité, en difant qu'il eft contre toute forte de verité, qu'vn effet qui ne depend pas de fa caufe en fa conferuation & apres qu'il eft fait, mais feulement en fa production & deuant que d'auoir l'eftre, foit ofté, lors que fa caufe eft oftée; Puifque nous voyons tous les jours que par ce qu'vn fils ne depend de fon pere que de cette façon, auffi ne meurt-il pas par la mort de fon pere: Et c'eft de cette forte que les lignes de nos mains dependent des parties de noftre corps. Enfin la troifiéme & la dernie-re raifon que l'on nous oppofe, ne tombera pas moins aifé-ment en ruïne que les deux precedentes, fi nous difons, que les lignes de nos mains ne font pas des accidens communs du corps humain, lefquels bien qu'ils foient caufez pluftot par vne partie que par vne autre, ils ne font pas pourtant caufez par elle, prife nuëment & comme que ce foit, mais accompagnée de certaines difpofitions, lefquelles venant à manquer, il faut auffi neceffairement que ces lignes man-quent: Si bien que lors que la ligne, par exemple, du cer-ueau manque, ce n'eft pas que la tefte foit fans cerueau, mais c'eft qu'il y aura, qu'il y a, ou qu'il y a eu dans luy quelque deffaut notable. Il eft pourtant à remarquer, qu'ordinai-rement en l'abfence de la ligne il y a quelque autre chofe qui modere le mauuais augure qu'on doit tirer de cette abfence, comme je diray en fon lieu.

    ARTICLE

ARTICLE X.

S'il est vray que les Planetes dominent aux lignes & aux parties des mains ?

TRois fortes raisons semblent conuaincre les plus ob-
stinez Chyromantiens de faussoté, en ce qu'ils asseurent que les Planetes ont leur domaine particulier sur les
lignes & sur les parties de nos mains. La premiere est,
dautant qu'il n'y a point de particulier domaine des Planetes là où il n'y a point de particuliere influence : Or les
Planetes n'ont point de particuliere influence sur les mains,
mais sur tout le corps seulement ; ce sera donc sur tout le
corps seulement, & non pas sur les mains, qu'ils auront quelque particulier domaine. La deuxiéme est, parce qu'il est
tres-ridicule de dire qu'vn Planete, qui a des influences si
vastes & de si grande estenduë, les communique seulement
à vn doigt, par exemple, & non pas à vn autre. La derniere est, pour autant que l'agent & le patient deuant estre
indistans, comme toute la Philosophie le presche, Il n'est
pas possible qu'il y ait du domaine lors qu'il n'y a point
d'vnion & de conjonction entre celuy qui domine & celuy
qui luy est sujet, comme effectiuement il n'y en a point
entre les Planetes & nos mains ; puis qu'il y a vn si grand
éloignement des vns aux autres. Il faut donc conclurre in-
dubitablement apres cela, que les Planetes n'ont nul empire sur les lignes, ny sur les parties de nos mains.

Voila sans mentir des raisons assez fortes contre les
Chyromantiens, mais elles ne le sont pas assez pour nous
obliger de quitter leur party, & de ne pas embrasser la verité qu'ils publient, lors qu'ils enseignent que les Planetes
ont leurs domaines particuliers sur les lignes & sur les parties

ties de nos mains ; puis qu'elle est appuyée sur cette raison,
qui est incomparablement plus solide que les trois precedentes qui la combattent. S'il est vray, comme il est, &
comme j'ay dés-ja estably dans l'Article precedent, que les
lignes & les parties de nos mains tirent leur origine de certaines autres parties principales de nostre corps; & d'ailleurs
s'il est vray aussi, comme il est, & comme tous les Astrologues l'enseignent, que ces principales parties de nos corps
sont sujettes à de certains Planetes, n'est-il pas tres-certain & tres-infaillible, que ces lignes & ces parties de nos
mains seront aussi sujettes aux mesmes Planetes; & par consequent, que lors que nous connoistrons qu'vne ligne, &
vne partie de nostre main, qui en est proche, deriue d'vne
principale partie de nostre corps ; & qu'en suitte nous connoistrons aussi par le moyen de l'Astrologie sous la domination de quel Planete cette partie de nostre corps est logée, nous viendrons aussi-tost à connoistre que c'est sous
la domination du mesme Planete que cette ligne & cette
partie de nostre main doit estre pareillement logée ?

Il ne reste donc plus rien, que de respondre aux raisons
qui sont contraires à cette verité, & que j'ay déduites au
commencement de cet Article. C'est ce qui ne nous sera
pas bien difficile ; Car je respons à la premiere, qu'il est
tres-vray que les Planetes influent sur tout le corps ; mais
il est tres-vray aussi, qu'ils influent plus particulierement
sur les parties auec lesquelles ils ont quelque sympathie ; &
ainsi le Planete de Mars, par exemple, qui est chaud & sec,
enuoye bien ses influences sur tout le corps, mais l'on ne
sçauroit nier qu'ils ne les doiue bien plus particulierement
enuoyer sur les parties du corps, qui par leur chaleur & par
leur secheresse auront auec luy de l'amitié & de la conuenance, & ainsi à proportion de tous les autres. Cette response se peut aussi tres-bien appliquer à la deuxiéme raison,
si nous disons qu'outre l'influence generale qu'a chaque
Planete, il y en a vne particuliere sur la partie auec laquelle

il a

il a du rapport ; si bien qu'encore que tous les doigts, par exemple, reçoiuent l'influence de Iupiter, l'indice neantmoins la reçoit tout particulierement à raison de la proportion qu'il a auec ce Planete, comme nous expliquerons en son lieu. Enfin nous pouuons soudre la derniere raison en disant, qu'encore que les Planetes & nos mains soient immediatement separées, elles se touchent neantmoins mediatement ; attendu que les Elemens sont mitoyens entre le Ciel & nos mains ; & que c'est par eux, comme par vn milieu, que les influences des Planetes sont portées aux principales parties de nostre corps, desquelles les lignes & les parties de nos mains tirent leur origine, & par consequent aussi la communication des mesmes influences.

Mais ce n'est pas assez d'auoir vû en general, comme quoy il est tout asseuré que les Planetes dominent aux lignes & aux parties de nos mains ; Pour éclaircir entierement cette matiere, il faut appliquer en particulier cette doctrine generale, & faire voir à quel Planete chaque partie & chaque ligne de nostre main est sujette ; Ce que je feray dans les Articles suiuans, qui restent de cette premiere Partie.

ARTICLE XI.

Du poulce ou du gros doigt.

IL est tres-difficile d'assigner sous la domination de quel Planete est ce doigt, & les Autheurs ne s'accordent pas en cela, les vns le logeant sous Venus, & les autres sous Saturne. Pour moy je pense, qu'il vaut mieux suiure le sentiment des premiers, & ce qui me donne cette pensée, c'est principalement parce que le poulce est extremément humide & mediocrement chaud, ainsi que sa grosseur le

témoigne;

témoigne ; & que l'extreme humidité & la chaleur mo-
derée font les propres qualitez de Venus , au lieu que l'on
attribue à Saturne la froideur & la seicheresse. Et d'ailleurs
c'est aussi parce qu'au dire de tous les Chyromanticns la ligne de vie est mise sous ce doigt ; & il est tres-indubitable
que la Planete de Venus domine & à la generation & aux
parties qui y seruent , aussi bien qu'au principe de la vie , qui
n'est autre que ie cœur. D'où il est aisé d'inferer que c'est
tres-justement que le poulce est nommé le doigt de Venus,
puis que les raisons que nous en auons formées , & par la
cause & par l'effet , le persuadent parfaitement.

ARTICLE XII.

De l'Indice ou du second doigt.

TOus les Autheurs tombent bien d'accord, que l'indice
qui est le second doigt est sujet à l'empire de Iupiter.
mais ils n'en apportent point de raison , non plus que de
tout le reste qu'ils disent en toute cette matiere. En voicy
donc vne congruence. Les Astrologues nous enseignent
que Iupiter est appellé la fortune majeure , c'est pourquoy il
preside à l'esprit ; Or il n'y a point de doigt si spirituel que
l'indice , lequel monte , & pour dire ainsi , discerne inge-
nieusement toutes choses. Outre que tous les Chyromantiens aduoüent que la ligne de la teste prend son commencement sous la montagne de l'indice. C'est donc bien raisonnablement que je dis , que Iupiter domine à ce doigt,
sous qui on loge la ligne de la teste & du cerueau , puis que
c'est dans l'vne & dans l'autre que reside l'esprit , comme
dans son propre siege.

ARTICLE XIII.

Du doigt du milieu ou mitoyen.

Velques-vns donnent ce doigt à Mars, & quelques autres le donnent à Saturne. Mais à dire le vray, si on le deuoit attribuër à Mars, il faudroit renuèrser tout ce qu'enseignent les Chyromantiens d'vn commun consentement ; & il ne se trouueroit point de lieu où l'on pût loger Saturne. Ie dis donc qu'il faut mettre ce doigt sous Saturne ; & ce qui me force d'estre de cette opinion, c'est l'engourdissement & la pesanteur de ce doigt, & la grandeur de ses os, que les Medecins disent estre froids & secs ; ce qui montre très-euidemment que ce doigt est du temperament de Saturne. Pourquoy donc apres de si fortes apparences ne concedera-t'on pas le plus haut de tous les doigts, au plus haut de tous les Planetes ?

ARTICLE XIV.

Du doigt annulaire ou de l'anneau.

PResque tous ceux qui parlent de cette matiere, asseurent que ce doigt est celuy du Soleil. D'où vient que les hommes ont accoustumé de l'orner de bagnes d'or, comme d'éclattantes couronnes, auec lesquelles il puisse donner du lustre à toute la main, de mesme que le Soleil donne de l'éclat & de la splendeur à tous les corps celestes. Et certainement à bien raisouner, l'inclination naturelle que nous auons d'orner ce doigt, ne se doit tirer que

d'vn

d'vn inftinct naturel , & de l'experience que nous auons, que toute la main ne fçauroit eftre bien ornée que par l'ornement de ce doigt : A quoy fi nous adjoûtons la proportion qu'il y a de fon temperament à celuy du Soleil , lequel confifte en vne chaleur & vne fechereffe temperée , nous ne ferons nul doute de l'attribuër à ce charmant & fouuerain Prince des Aftres.

ARTICLE XV.

Du doigt auriculaire ou du petit doigt.

IL y en a qui foumettent ce doigt à Venus , mais comme nous auons donné le poulce à cette Planete , Il faut que nous fuiuions le fentiment de ceux qui l'accordent à Mercure. Et fans mentir fa petiteffe, fa gentileffe , & fon peu de neceffité conuiennent tres-bien auec l'indifference & la fubtilité de ce Planete , qui n'eft felon foy ny bon ny mauuais , ny diurne , ny nocturne , ny mâle , ny femelle , mais Hermaphrodite ; & qui prend la nature de celuy auec qui il fe conjoint & s'affocie.

ARTICLE XVI.

Du grand Triangle.

LE Triangle majeur ne doit pas eftre accordé à Mercure, comme veulent quelques-vns , mais à Mars. Et en effet, puis que fa chaleur & fa fechereffe immoderées font qu'il n'y a point de partie plus baffe ny plus enfoncée que luy dans la paulme de la main ; & que les proprietez

natu

naturelles de Mars font la chaleur & la fechereffe, il eft
vifible qu'il n'y a nulle raifon pour laquelle on le luy doiue
refufer.

ARTICLE XVII.

Du fiege de la Lune.

CEt efpace qui s'étend entre la percuffion de la main &
la voye de laict, eft fans controuerfe attribué de tous
à la Lune. La raifon conuainc combien c'eft juftement;
Car la graiffe de cét efpace en marque l'humidité, & les os
en découurent la froideur; Or ces deux qualitez font celles
qui conuiennent à la Lune.

ARTICLE XVIII.

De la ligne vitale.

APres auoir expliqué les fieges des Planetes, il ne fera
pas bien difficile de declarer la nature des lignes de
nos mains. Ie fuis donc d'opinion, que c'eft bien raifonnablement que tous les fçauans en Chyromantie affeurent
que la ligne qui enuironne le mont du poulce, eft la ligne
de vie & la ligne du cœur : car elle eft fituée fous le mont
de Venus, & Venus prefide à la generation qui donne la
vie : & d'ailleurs, elle domine auffi au cœur, d'où la vie eft
& conferuée & continuée ; veu que le temperament des
chofes viuantes eft humide & chaud, comme celuy de Venus. Il fe rencontre auffi vne tres-belle conuenance, qui
nous perfuade combien equitablement l'on dit que cette ligne eft celle de vie; Car nous voyons que cette ligne décrit
prefque vn quart de cercle : Or les Aftrologues diuifent le

cercle

cercle en trois cens soixante degrez, dont la quatriéme partie sont quatre-vingt dix; terme & cercle ordinaire de nostre vie, au de-là duquel elle ne sçauroit s'étendre, sans estre accablée de peine & de douleur.

ARTICLE XIX.

De la ligne Saturnale.

CEtte ligne est appellée Saturnale, non pas à cause qu'elle a les qualitez de Saturne; (ce qui est extremément à remarquer) mais à cause qu'elle s'étend vers le mont de Saturne. Et parce qu'elle est tellement conjointe auec la ligne du cœur & de la vie, qu'elle commence où celle-là finit, & que par sa reflexion & par son retour, elle continuë en quelque façon la ligne de vie, elle est appellée ligne du foye; car c'est dans le foye que se forme le sang, qui sert à l'augmentation & à la nourriture par lesquelles la vie est continuée & entretenuë. D'où vient que si la ligne de vie respond à la generation, celle-cy respond à l'augmentation & à la nutrition. Que si vous me demandez pourquoy cette ligne est nommée la ligne de prosperité ou de fortune, Ie vous responds, que c'est d'autant que les sanguins sont ordinairement fortunez, & que cette ligne est dependante du sang aussi bien que du foye où il se forme, si nous en voulons croire aux Medecins.

ARTICLE XX.

De la ligne Naturelle.

LA generation & la nutrition sont suiuies de la sensation ou connoissance des sens, laquelle est vne action in-
compata

comparablement plus parfaite que les precedentes; Ce sera
donc bien raisonnablement, que la ligne qui est située au
dessus de celle de la generation & de la nutrition, sera
appellée la ligne du cerueau, dans lequel tous les sens resi-
dent, & où se font toutes les sensations ou connoissances
sensitiues. On luy donnera aussi tres-justement le nom de
ligne naturelle ou moyenne; Puis que la connoissance des
sens tient le milieu entre la generation & la nutrition d'vn
costé, & l'intellection de l'autre.

ARTICLE XXI.

De la ligne Mensale.

NOus auons donné le surnom de Mensale à cette ligne, ou parce qu'elle ne prouient d'aucune partie
determinée de nostre corps, ou parce qu'elle naist de toutes, ou pour dire mieux, parce qu'elle tire sa source de
nostre ame, laquelle bien qu'elle ne soit pas vne partie du
corps humain, elle est pourtant vne partie de l'homme.
Tout cela se tire & de sa large & vaste estenduë, & de sa
haute situation : D'où vient qu'elle ne correspond pas seulement à la generation, à la nutrition, & à la connoissance
sensible, mais mesme & principalement à l'intellection,
laquelle enueloppe toutes les fonctions de l'ame vegetatiue
& de la sensitiue. Puisque c'est donc en cette ligne comme
en vne table, que tout ce qui touche & au corps & à l'ame
raisonnable, est excellemment bien décrit : C'est aussi bien
legitimement que nous luy donnons le tiltre de Mensale,
tiré du Latin (*Mensa*) qui signifie vne Table.

ARTICLE

ARTICLE XXII.

De la ligne Solaire.

LA ligne qui ſortant de la menſale, s'éleue ſur la montagne ou vers la racine du doigt annulaire, eſt nommée la ligne du Soleil, à cauſe que nous auons attribué le
doigt annulaire à ce bel Aſtre. Cette ligne eſt comme vne
branche de la menſale ; & parce que l'ame raiſonnable, que
nous auons dit eſtre marquée par la ligne menſale, eſt la
ſeule qui eſt née pour les dignitez & pour les honneurs,
de là vient que de la menſale s'éleue celle du Soleil ; eſtant
indubitable que par l'Intellect, qui eſt la faculté de l'ame
raiſonnable nous nous éleuons aux dignitez & aux honneurs ; & que les hommes ſolaires ſont la pluſpart tres-
propres à ces dignitez & à ces honneurs, & accompagnez
de bonne fortune.

ARTICLE XXIII.

De la ceinture de Venus.

LA ceinture de Venus enferme, comme nous auons dit,
le doigt du milieu & celuy de l'anneau, & couppe la
ligne du Soleil. J'aduoüe ingenûment que je ne vois pas
pourquoy on luy donne ce nom ; Car encore qu'elle ait
quelque reſſemblance & quelque forme d'vne ceinture ou
d'vn demy cercle, elle eſt pourtant tres-éloignée, & du
doigt, & de la montagne de Venus, ſi bien qu'il n'y peut
point auoir d'autre cauſe pour laquelle on l'ait appellée de
la ſorte, ſi ce n'eſt parce que pluſieurs ſe ſont figurez qu'-
elle marquoit vne extreme inclination aux plaiſirs de Ve-
C
nus ;

nus ; & c'eſt ce qui nous a fait dire cy-deſſus, que cette ligne n'eſt pas vne perfection, mais pluſtot vn excez.

ARTICLE XXIV.

De la voye de laict.

C'Eſt à n'en point mentir auec raiſon, que nous appellons voye de laict la ligne qui fait vn angle auec la Saturnale, & monte à la menſale du coſté du doigt auriculaire ; Car comme le laict ſe forme du ſang, à qui répond la ligne Saturnale ou de proſperité, auſſi la voye de laict n'eſt-elle que comme vne branche & vn rameau de cette ligne de proſperité.

ARTICLE XXV.

Du petit Triangle.

EStant tres-conſtant, que le triangle mineur joüit preſque des meſmes qualitez que le majeur, comme ſon enfoncement & ſa baſſe ſituation le declare, certainement il doit eſtre accordé à Mars. Neantmoins la proximité qu'il a au coup de la main, montre qu'il a moins de ſechereſſe que n'en a le majeur ; & la voye de laict, dont il eſt enfermé, marque tres-euidemment qu'il ne luy faut pas attribuer tant de chaleur qu'à luy.

ARTICLE

ARTICLE XXVI.

Du Quadrangle ou quarré.

LE quadrangle qui a la situation baſſe & enfoncée, auſſi bien que les deux Triangles, doit eſtre auſſi attribué à Mars; de ſorte que l'étenduë de l'empire de Mars ſera auſſi vaſte que celle du Triangle majeur, du Triangle mineur, & du Quadrangle; puis que c'eſt dans ces trois figures, que l'eſpace le plus bas & le plus enfoncé de la paulme eſt compris.

ARTICLE XXVII.

De la Table.

LA Table, que les Latins appellent (*Menſa*) tire ſon nom de la ligne menſale. Ce ſera donc tout cet eſpace qui eſt ſous la ligne menſale, & qui eſt borné de la ligne du cerueau, lequel eſt étroit au milieu, & large à l'vne & à l'autre extremité. Et comme la ligne menſale pourroit eſtre appellée ligne de raiſon ou rationale, comme il paroit clairement de ce que nous auons dit cy-deſſus, ainſi la table pourroit eſtre dite le ſujet ſur lequel la raiſon opere, eſtant tout vray, que c'eſt elle qui la forme, qui la conſidere, & pour dire ainſi, qui s'y promeine & la parcourt.

ARTICLE XXVIII.

Des Restraintes ou Razettes.

LEs Restraintes ou Razettes sont ainsi nommées, ou parce qu'elles bornent, & pour parler ainsi restraignent la main ; ou parce qu'elles sont restraintes & bornées du petit espace de la plus étroite partie de la main; ou peut-estre enfin, Parce qu'elles razent & la main & le bras ensemble. Elles sont ordonnées en forme d'échelle & en façon de fondement de la main. Aussi est-ce d'elles que l'on commence à tirer les predictions & à former les jugemens, par la science de Chyromantie.

SECONDE

SECONDE PARTIE

DE LA

CHYROMANTIE,

De la diuination, & des jugemens
que l'on tire des lignes
de la main.

ARTICLE I.

Premiere regle generale.

Remierement, celuy qui voudra solide-
ment mettre en vsage les principes de la
Chyromantie, & deuiner quelque chose à
sa faueur, doit prendre garde que la main
ne soit ny trop chaude ny trop froide,
mais en equilibre entre le froid & le chaud,
si cela se peut faire; & qu'elle ait plus d'humidité que de
secheresse; afin que par l'excez de la chaleur ou de la froideur la qualité des lignes ne soit pas en estat d'estre connuë;
& que par celuy de la secheresse la trace, ou la quantité
des mesmes lignes, ne soit couuerte & incapable d'estre remarquée.

C 3

marquée. De là vient qu'il ne faut jamais former vn jugement de Chyromantie, ny immediatement apers le difner
ou le fouper, ny immediatement apres le trauail, mais ou
deuant l'vn & l'autre, ou du moins deux ou trois heures
apres.

ARTICLE II.

Seconde regle generale.

IL ne fuffit pas d'auoir la main en la difpofition que j'ay
dite; pour faire que le Chyromantien porte des jugemens
folides, il faut encore qu'il obferue l'âge de celuy dont il
confidere la main ; Car s'il eft d'vn âge fi tendre qu'il ne
paffe pas fix ou fept ans, par exemple, il n'en doit point faire
de jugement, à caufe que les lignes ne font pas encore dans
vn eftat ferme & confiftant. Et pour moy je fuis d'opinion qu'il faut que celuy dont on confidere la main, ait du
moins atteint la dixiéme année de fon âge.

ARTICLE III.

Troifiéme regle generale.

LE jugement doit tousjours eftre fondé fur les quatre
principales lignes, qui font celle du cœur, celle du
foye, celle du cerueau, & celle de tout le corps. Il faut
pourtant auffi regarder à la ligne du Soleil, & à la voye de
laict; mais il ne faut jamais rien conclurre d'vne feule ligne,
à moins que cela paruft fi euidemment, qu'il n'y euft point
lieu d'en douter. Il n'importe du tout point quelle main

que

que l'on confidere, foit la droite, foit la gauche, pourueu
que ce foit la plus nette, & qu'elle ait les lignes & mieux
ordonnées & mieux formées. Ie fçay bien qu'il y en a
qui affeurent trop fcrupuleufement fans dóute, qu'il faut
confiderer la gauche en ceux qui font nez de nuiĉt, & la
droite en ceux qui ont efté enfantez le jour; mais ce que
j'ay dit eft, à fainement parler, & plus certain & plus fo-
lide.

ARTICLE IV.

Quatriéme regle generale.

AVant que de porter jugement, il faut fçauoir neceffairement la patrie de celuy dont on côfidere la main,
auffi-bien que de fes parens. Il faut auffi eftre inftruit de fa
condition ou qualité, & de fa vacation ou occupation; afin
que fuiuant toutes ces circonftances, le jugement que l'on
portera foit plus affeuré. Car ce feroit vne chofe bien ridi-
cule de promettre les plus hautes dignitez de la Republi-
que à vn payfan, quoy qu'il euft les lignes, qui, comme
nous dirons en fuitte, indiquent les fupremes honneurs;
Comme auffi de predire des victoires à vn Religieux, qui
vray femblablement ne tirera jamais d'épée & n'ira jamais
à la guerre, quoy qu'il euft toutes les marques des Heros
& des Conquerans parfaitement bien formées. De mefme
ce feroit vne chofe auffi abfurde qu'injufte, d'attribuer vne
égale inclination aux fales voluptez de la chair, à celuy qui
y feroit des-ja porté par le temperament de fon pays & par
fa mauuaife education, & à celuy qui n'y feroit point pouffé, ny par fon air natal, ny par fa mauuaife nourriture, encore que l'vn & l'autre euffent les mefmes lignes de cette
inclination. Il eft donc tres-aifé de voir qu'il faut obferuer

la patrie, tant de celuy à qui l'on doit predire quelque chose, que de ses parens; & en suite aussi sa condition, sa vo-
cation & son education, estant tout vray, qu'il peut arriuer
qu'vn gentil-homme perdra ce qu'il a de noble & deuiendra
semblable à vn roturier, par vne vacation ou par vne education indigne de luy; & qu'au contraire vn homme de
basse naissance sera éleué aux rangs des plus nobles, par vne
education ou par vne vacation proportionnée à ce haut rang.

Voila les quatre Regles generales qu'il faut sçauoir pour
juger raisonnablement & auec solidité par la Chyromantie:
Mais parce que nous auons desia parlé des Planetes dans
l'Article cinquiéme de la premiere Partie, & que nous en
deuons encore parler souuent dans la suitte de celle-cy,
j'ay jugé necessaire d'en former icy les figures, & d'en
marquer les noms & les temperamens en la maniere suiuãte.

TABLE.

*Contenant les noms, les figures, & les tem-
peramens des Planetes.*

Nós	Saturne.	Iupiter.	Mars.	Le Soleil.	Venus.	Mercure.	La Lune.
Figures.	♄	♃	♂	☉	♀	☿	☽
Téperamés	Sec & froid auec excez.	Chaud & humide auec moderatió.	Chaud & sec en souuerain degré.	Chaud & sec mediocrement.	Souuerainement humide & moins chaude.	Froid & humide moderément.	Froide & humide excessiuement.

Il faut soigneusement obseruer tout ce que j'ay dit jusqu'icy, & le conferer perpetuellement auec ce que je diray cy-apres, & dont j'ay resolu de traiter auec vn tel ordre,

dre, que je parleray premierement de la main entiere; en second lieu, j'expliqueray la premiere partie, qui contient les lignes restraintes; apres je m'occuperay en ce qui touche la paulme & les doigts; & enfin je conside,eray en particulier toutes les parties de la mesme paulme, où les lignes ont principalement leurs sieges, & en la consideration desquelles la Chyromantie s'employe tout particulierement, & de cette sorte j'acheueray tout ce Traité.

ARTICLE V.

De la main entiere.

LA premiere chose qu'il faut faire, c'est de considerer la disposition, & la proportion de la main; car si elle repond aux autres parties du corps humain, elle marque vn homme composé & doüé de bonnes mœurs, & au contraire si elle ne leur repond pas, elle signifie vn homme incomposé & entaché de quelque mauuaise habitude. Il seroit tres inutile de nous arréter à expliquer la raison de ce que je viens de dire, attendu qu'ayant desia monstré par aduance en la premiere Partie, que les parties de nos mains tirent leur origine des principales parties de nostre corps, il est visible que les deffauts de nos mains ne sçauroient prouenir que de ceux de ces principales parties de nostre corps, comme leur perfection ne sçauroit auoir d'autre source, que celle des mesmes parties.

Il faut aussi tres-attentiuement remarquer la couleur de la main, & en suite porter son jugement conforméinent à la nature du Planete à qui cette couleur est attribuée. Et afin que vous le puissiez faire plus aisément, je vous mets deuant les yeux la Table suiuante, laquelle montrera comme quoy les couleurs sont sujettes aux Planetes, & comme quoy elles marquent les signes du Zodiaque, les Temperamens & les Elemens qui leur correspondent.

TABLE

TABLE.

Où sont marquées les couleurs des Planetes, & les Signes,
Temperamens & Elemens qui leur correspondent.

Couleurs	Blanche	Noire	Couleur de feu.	Bleuë
Planetes	☽	♄	♂	♀
Signes	♋	♑	♈	♎
Temperamens	Le Flegme pur	La melancolie pure.	La colere pure	Le Sang pur
Elemens	L'Eau.	La Terre	Le Feu.	L'Air

Couleurs	Cendrée	Verde obscure	Rouge	Couleur de citron
Planetes	☿	♄	♃	♀
Signes	♊	♒	♐	♉
Temperamens	Le Flegme mélé de bile noire.	La Melancholie mélée de sãg.	La Colere mélée de sang.	Le sang mélé de flegme.
Elemens	L'Eau mélée de terre.	La Terre mélée d'air	Le feu mélé d'air.	L'Air mélé d'eau.

Couleurs	Plombée	Couleur de fer	Dorée	Verde pâle.
Planetes	♄	☿	☉	♀
Signes	♏	♍	♌	♓
Temperamens.	La pituite mélée de melãcolie	La bile noire mélée de colere	La bile jaune mélée de sang.	Le sang mélé de pituite
Elemens	L'Eau mélée de feu.	La terre mélée de feu.	Le feu mélé d'air.	L'air mélé d'eau.

Cette Table sera de tres-grande vtilité, si le Chyromantien qui examine la main entiere, sçait prudemment & parfaitement faire le rapport de la grandeur, de la mediocrité ou de la petitesse (lesquelles sont les premieres differences de la main) & de mesme de la subtilité, de la grosseur ou de l'épaisseur (lesquelles sont les sous-differences de la main, qui peuuent conuenir à chacune des precedentes differences) auec les couleurs & les autres qualitez de ladite main, telles que sont la secheresse & l'humidité, & il est tres-certain qu'il pourra exercer cet art auec vne tres-grande facilité.

ARTICLE VI.

De la grande main.

PArlant generalement, la main grande est vn signe d'vn homme bien-veillant & affable, parce qu'elle denote la grandeur des principales parties du corps humain, d'où naissent l'affabilité, la communiquation & la bienvueillance.

Que si la main n'est pas seulement grande, mais encore gréle, elle marque vn homme ingenieux & estimateur de soy-mesme, parce qu'en ceux qui l'ont de la sorte, la nature ne se répand pas également de tous costez, mais estant occupée à l'étenduë ou en longueur de la main, elle luy dénie la largeur qui luy estoit deuë. C'est pourquoy celuy qui a la main grande & grasse tout ensemble est moins amateur de soy-mesme; & s'il se rencontre que sa main soit peinte d'vne belle couleur, il sera fort enclin à la charité & à la liberalité; Et d'ailleurs, quoy qu'il soit doüé d'vn bon esprit, ce ne sera pas neantmoins au mesme degré que celuy qui a des mains également grandes & gréles, à cause que celuy-cy a plus de feu que celuy-là.

Enfin

Enfin ſi la main eſt grande, épeſſe & rude, celúy qui l'a de la façon ne peut eſtre que melancolique, & par conſequent moins affable & moins liberal, comme ayant en beaucoup plus grand nombre les diſpoſitions qui concourent à la formation des os, leſquels ſont froids & ſecs, ainſi que j'ay appris du docte Fernel, dans ſon Liure III. des Temperamens. Ie ne doute pas pourtant que la melancolie ne ſoit moindre, ſi ces qualitez deſauantageuſes ſont accompagnées d'vne fauorable couleur, laquelle il faut touſiours tres-particulierement obſeruer ; de telle ſorte qu'il faille augmenter, ou diminuer le bon ou le mauuais augure que l'on peut tirer d'vne main, ſuiuant la bonne ou la mauuaiſe couleur dont elle ſera peinte.

ARTICLE VII.

De la main mediocre.

Comme la mediocrité ou le milieu en toutes choſes merite des loüanges, auſſi la main mediocre en merite-t-elle au corps humain, ſuppoſé qu'elle ſoit bien proportionnée.

Si elle eſt mediocre & gréle, elle ſignifie vn homme d'vn eſprit tres-ſubtil, principalement ſi elle eſt remplie d'humidité ; Car la gracilité ou ſubtilité marque la pointe, & l'humidité denote la facilité d'apprendre les choſes les plus difficiles ; l'humidité eſt propre à la reception, & la gracilité eſt diſpoſée à la production.

Il ne faut pas obmettre icy la conſideration de la couleur, ny ignorer qu'il n'y en a point en cette main, reſervé la blanche, qui ne découure quelque lubricité.

Si la main eſt enſemble mediocre & graſſe, mais ſans humidité, elle marque quelque difficulté d'apprendre. Tou

tefois

tefois si vous y adjoûtez vne couleur pure, éclatante &
claire, elle signifie vn homme fortuné, & destiné aux dignitez & aux belles charges, parce qu'elle dénote que cet
homme est tout à la fois jouial & solaire.

Mais si l'humidité ne manque point à la main qui possede la mediocrité & la graisse, que je viens de dire, &
que sa couleur soit bleüe, elle indique vn homme bénin,
bon, affable, & quelque peu luxurieux ; à cause qu'vn tel
homme est sous la domination de Venus & de Iupiter.

Si la couleur est blanche, elle designe vn homme flegmatique ; à cause qu'il est sujet à la Lune.

Enfin si sa couleur est rouge, elle exprime vn homme
superbe, liberal, magnifique, & peut-estre encore mépri-
seur des autres ; pour autant qu'vn pareil homme est sous
l'empire de Iupiter & de Mars, & il faudra dire ainsi de
tous les autres.

Si la main mediocre n'est ny gréle ny grasse, mais épaisse & grosse, elle marque communément vn homme stupide & robuste, conformément à la nature des os.

Si elle a quelque humidité, le mauuais augure que l'on
en deuroit tirer se doit quelque peu adoucir, Ie dis quelque
peu, d'autant qu'il est tousiours indubitable, que lors que
la main est épesse, grosse, âpre & rude, elle témoigne
quelque chose de stupide, de rustique & de sauuage. Et la
raison en est, parce qu'elle est sujette à Saturne quant aux
os, qui sont froids & secs, & par consequent aussi la couleur aduantageuse ne fait que diminuer quelque peu le
mauuais augure qu'elle donne.

Ie ne m'arreste point en la consideration particuliere des
couleurs de cette main ; l'on pourra facilement tirer ce que
l'on en doit juger de la Table que j'ay mise cy-dessus, & en
faire l'application de la mesme façon que je l'ay faite dans
cet Article, lors que j'ay parlé de la main mediocre & grasse
tout ensemble.

ARTICLE

ARTICLE VIII.
De la petite main.

L A petite main marque le plus souuent vn homme orgueilleux & colerique, parce que la vertu qui ne s'étend pas aux parties éloignées, est occupée aux parties prochaines, d'où vient qu'elle abonde en ceux qui ont la main formée ainsi, & par vne suite necessaire elle conspire auec la violence à leur propre gloire, & est tres-aisément excitée à la colere.

Si elle est petite & gréle, d'autant plus forte aussi sera leur superbe & leur colere, & peut-estre ne seront-ils pas exempts de luxure ny de melancolie.

Si l'humidité s'y rencontre auec vne couleur fauorable, le mauuais augure en sera diminué, & d'ailleurs elle sera vn indice d'vn homme ingenieux.

Mais si auec la petitesse & la subtilité, la secheresse s'y trouue, jointe à quelque couleur Saturnale ou Mercuriale, Elle decouurira clairement vn homme larron, fin, soupçonneux & réueur.

Il faudra dire en quelque façon la mesme chose d'vne main grande, gréle, seche & affectée, d'vne couleur Saturnale ou Mercuriale ; j'ay dit en quelque façon, parce qu'en la main grande la longueur des doigts tempere vn peu le mauuais augure, comme la mediocrité le tempere en la mediocre.

Si la main est petite & grasse, la graisse affoiblit le mauuais augure qui prouient de la petitesse de la main, & elle l'affoiblit d'autant plus qu'elle est accompagnée d'vne plus agreable couleur, & au contraire, elle le diminuë d'autant moins qu'elle est vnie à vne couleur plus auantageuse.

Si la main est petite, & qu'elle soit en mesme temps
épaisse

épaiſſe ou âpre, le mal dont la petite main menace reçoit accroiſſement.

Que ſi l'humidité & vne bonne couleur s'y joignent, il eſt vray qu'elles n'empeſchent pas que le mal ne croiſſe, mais il eſt vray auſſi que ce n'eſt pas au degré qu'il croiſtroit, ſi la ſechereſſe & quelque couleur deſagreable s'y mêloient.

ARTICLE IX.

De la main pelée, & de la main veluë.

IL arriue tres-ſouuent que la main eſt ou pelée ou veluë. Apres donc que le Chyromantien aura examiné la conſtitution, la diſpoſition & la proportion de toute la main, Il doit prendre garde ſi la main eſt dénuée ou chargée de poil ; Car ceux qui ſont pélez ſont la pluſpart effeminez, & peu enclins aux plaiſirs de la chair.

Ceux qui ſont velus, ſont inconſtans & fort peu ſages, quoy que d'ailleurs ils ſoient tres-forts ; & ceux qui ne ſont ny dénuez ny chargez de poil, mais entre deux, joüiſſent d'vne tres - auantageuſe diſpoſition. Il eſt vray qu'il faut conferer toutes ces choſes, & auec la diſpoſition & auec la couleur de la main.

Au reſte, que ce que j'ay dit ſuffiſe pour la conſideration de la main entiere, je paſſe maintenant à celle de toutes les parties en particulier.

ARTICLE X.

Des lignes reſtraintes.

LE fondement & le cours de noſtre vie, eſtant pris & tiré de ces lignes, quelques-vns ſont d'opinion que
chacune

chacune d'elles correspond à l'espace de vingt années, de
sorte qu'vn homme doit viure autant de vingt ans qu'il a
de ces lignes. Il faudroit iuferer de là que l'on pourroit
connoiftre par la premiere Razette la bonne ou la mauuaife
habitude d'vne perfonne jufqu'en la vingtiéme année de
fon âge ; par la feconde, dépuis la vingtiéme année iufqu'à
la quarantiéme ; par la troifiéme, depuis la quarantiéme
iufqu'à la foixantiéme, & ainfi des autres. Cependant cela
ne fcauroit eftre abfolument veritable, mais feulement
auec quelque limitation, à fcauoir fi les difpofitions des autres lignes, & le temperament de toute la main s'accordent
auec les Razettes, & qu'il n'en foit rien predit qui doiue
reftraindre les predictions qu'il faut tirer des mefmes Razettes.

Il y a vne marque, par laquelle on peut connoiftre vn
homme de bien & de probité jufqu'à la mort, faifeur de bâ-
timens, liberal & fcauant ; Et je ne crains point d'auancer
cette marque pour tres-certaine & tres-indubitable : C'eft
fi les reftraintes ne font point tortiieufes, & qu'elles foient
toutes coupées par vne ligne, laquelle s'éleuant faffe vne
mefme chofe auec la Saturnale, & paffant plus outre par-
uienne jufques à la racine du doigt du milieu. La raifon
de cela eft tres-euidente : Car dans celuy qui eft ainfi dif-
pofé, il fe fait vne parfaite vnion de tout le cours de fa vie
auec la ligne du fang & de l'accroiffement, de telle forte
qu'il foit continué jufqu'à Saturne, c'eft à dire, jufqu'à
l'extréme vieilleffe.

Les mefmes Autheurs adjoutent, que fi les Razettes vont
en ferpentant, elles dénotent bien vn homme de grand efprit, mais factieux, qui n'a que de funeftes penfées, & qui
nuiroit à plufieurs s'il pouuoit. Mais je ne vois point la
caufe, du moins entiere & parfaite de cette propofition, fi
bien qu'il ne la faut nullement fouftenir, à moins que quelque autre ligne la confirme.

A R T I C L E

ARTICLE XI.

De la paulme de la main.

Lors que les quatre lignes principales se trouuent dans la paulme bien disposées, & bien formées, elles marquent generalement vne bonne composition, sur tout si elles sont accompagnées de deux autres lignes, qui pourroient estre mises au nombre des principales, & ne sont autres que la ligne du Soleil, & la voye de laict. Que s'il en arriue autrement, elles n'en peuuent signifier qu'vne mauuaise.

Au reste la bonne disposition d'vne ligne est, lors qu'elle se trouue en son propre lieu, & qu'elle est droite, continuë & bien colorée; & la mauuaise est, lors que quelques-vnes de ces choses luy manquent, & elle est d'autant plus mauuaise qu'il luy en manque dauantage.

Il est pourtant extremément à remarquer, que si vne ligne auoit quelques-vns de ces deffauts, & qu'elle eust vne sœur bien disposée en la mesme partie où l'autre est defectueüse, la sœur suppléroit à ce deffaut, & destruiroit le mauuais augure que l'on en deuroit tirer.

ARTICLE XII.

Des doigts.

L'On tient que les doigts predisent en bonne part, lors que leur longueur répond à la longueur de la paulme, & qu'ils ne sont ny plus longs ny plus courts qu'elle. Et il faut dire le mesme de la largeur.

Tout

D

Tout ce que j'ay auancé de la main entiere, soit grande, soit mediocre, soit petite, se doit appliquer auec proportion aux doigts, parce qu'ils peuuent estre affectez des mesmes differences; Et je ne pense pas qu'il soit necessaire de m'arrester plus long-temps à faire cette application.

Ie donne seulement vn aduis, que quelques-vns enseignent, à sçauoir, qu'aux femmes les longs doigts & la paulme courte les menace d'vne extreme difficulté qu'elles auront à enfanter; & qu'ils leur pronostiquent tout le contraire s'ils sont plus courts, & que la paulme soit de plus grande estenduë. Peut-estre que la raison en est, parce que la dilatation & l'élargissement de la paulme est vne preuue de la plus grande dilatation des vases qui seruent à la generation, ce qui n'est pas de la construction & du resserrement de la mesme paulme.

Ie passe maintenant à l'explication particuliere de chaque ligne & de chaque partie de la paulme, quant à ce qui peut seruir à la diuination de la Chyromantie.

ARTICLE XIII.

De la ligne de vie, ou du cœur.

AFin que la ligne vitale soit jugée auantageuse, elle se doit estendre jusques aux Razettes, & entourer le mont de Venus parfaitement & sans discontinuité. Et c'est alors qu'elle promet vne longue vie & vne excellente complexion.

Neantmoins si elle est grosse & longue, elle marque vn hommé guerrier & verseur de sang, pour la raison que je toucheray dans vn moment : Et d'ailleurs, parce que cette ligne estant disposée de la sorte, occuppe les bornes d'vne autre dans toutes ses dimensions, ce qui semble n'estre autre chose que de s'éleuer contre vn autre.

Que

Que si cette ligne est enflée en son commencement en façon d'éponge, elle declare vn homme sordide & d'infame naissance, comme il se tire euidemment de la condition & de l'affection de la ligne. Et parce que cette mauuaise disposition se trouue en son commencement, comme j'ay desia dit, de-là vient qu'elle signifie que cette immondicité ne luy est pas seulement propre & personnelle, mais qu'elle luy est hereditaire, & communiquée par son pere.

Il n'y en a pas peu qui tirent des voyages de cette ligne, auec cette difference pourtant, que si elle est fourchuë & diuisée vers les Razettes, elle denote des voyages en autant de regions diuerses qu'il y aura de branches, comme si par elles il estoit marqué qu'on doit mener vne vie errante & vagabonde, laquelle semble ne donner point de plus douce satisfaction que d'estre respirée en plusieurs lieux. A quoy ils adjoustent, que s'il y a des lignes qui descendent de la premiere racine du poulce & qui entre-couppent la vitale, elles denoncent que les voyages doiuent estre d'autant plus longs qu'elles sont longues. Et pour moy j'adjousteray encore à tout cela, que la premiere de ces deux differences signifie que les voyages seront volontaires; & que la seconde indique, ou qu'ils seront comme forcez, parce qu'il est certain que Venus ne s'engage que par force & auec violence dans les perils & dans les trauaux des voyages, ou du moins, qu'ils ne seront faits que pour l'amour des femmes, à cause que ces lignes descendent du mont de Venus, qui est la mere des amours.

Si cette ligne est estenduë & a plusieurs rameaux à l'angle supreme vers le mont de l'indice, elle promet des richesses & des honneurs. Et la raison en est manifeste; Car Iupiter est appellé des Astronomes la fortune majeure, & preside aux honneurs & aux richesses; de sorte, que lors que la ligne vitale s'ouure & s'étend aupres de Iupiter, elle semble occuper les honneurs & les richesses.

De plus, si du costé qu'elle répond à l'angle gauche elle

est grosse jusqu'à l'angle supreme, elle prouue qu'vn homme est judicieux & magnanime ; parce qu'elle est aidée de la vigueur de Mars, qui reside dans le triangle.

Et si sa grosseur est accompagnée d'vne couleur de feu, elle ne découure pas seulement vn homme magnanime, mais encore cruël & grand guerrier ; à cause que la ligne de vie n'est pas seulement soûtenuë & fortifiée de la vigueur de Mars, mais mesme surmontée, & pour parler ainsi, atterrée par sa ferocité.

Apprenez tout ce que j'ay dit, comme le plus veritable que l'on puisse dire en cette matiere ; mais n'adherez pas à ce que plusieurs enseignent sans raison, à sçauoir, que si proche de la ligne vitale se rencontre la figure circulaire d'vne (O) dans le mont de Venus, elle pronostique la perte d'vn œil, & s'il s'y en rencontre deux, Elles menacent de la perte de tous les deux yeux. Ie ne nie pas pourtant que si cette ligne est tortueüse, elle ne declare vn trompeur & vn méchant homme.

ARTICLE XIV.

De la ligne Saturnale ou du foye.

LOrsque la ligne Saturnale a vne longueur, vne largeur, vne continuité & vne profondeur proportionnées à celles des autres lignes, elle marque vne bonne complexion, & vn homme audacieux & hardy, comme ayant abondance de sang.

Si elle est trop courte, c'est vn signe de courte vie ; & si elle est trop longue, ç'en est vn d'excellente constitution ; car comme la generation se collige de la ligne vitale, aussi la nutrition & l'augmentation se tirent-elles de la Saturnale.

De-là vient aussi, que si elle est entre-couppée de certaines

nes

nes petites lignes, elle menace de mal d'eſtomach.

Si elle manque tout à fait, la main porte vn mauuais augure, ſi ce n'eſt qu'il y ait quelque eleuation ou emmence
en ſa place, qui tempere l'infortune qui en eſt predite.

Si cette ligne eſt tortueüſe, & qu'elle finiſſe dans la
concauité de la main, elle denote quelque grande maladie,
& meſme le trouble & le renuerſement de la phantaiſie; à
cauſe que le ſang deſfaut dans l'empire de Mars, & par
conſequent rend maladif, & ſouuent auſſi fanatique & trou-
blé de jugement.

Si la tortuoſité s'auance juſqu'au mont de Saturne, elle
ſignifie les atteintes d'vne forte maladie; parce que la
tortuoſité, qui eſt de ſoy mauuaiſe, eſt conjointe auec
l'infortuné Saturne.

Si cette meſme ligne eſt à pluſieurs branches, & qu'elles
ſe courbent vers la percuſſion de la main, elles annoncent
l'oppilation & l'hydropiſie; pour autant que le ſang s'em-
pare du ſiege de la Lune; & ayant changé de condition
& de nature, ſe forme en humeurs flegmatiques & mau-
uaiſes.

Si elle eſt longue & tortuë apres qu'elle a paſſé la ligne
menſale vers le mont de Saturne, elle ne pronoſtique ay-
tre choſe que des priſons & des mal-heurs; d'autant qu'elle
s'ouure & s'eſtend en vn mauuais ſiege; tellement qu'encore que cette ligne ſoit nommée la ligne de proſperité,
elle eſt pourtant ſujete à beaucoup de vices & de deffauts,
à raiſon du Planete lugubre & haïſſable à qui elle eſt ſoû-
miſe: tant il eſt vray que c'eſt la condition & la fatalité des
meilleures choſes, d'eſtre enuironnées de mille difficultez,
& de mille faſcheuſes circonſtances; comme nous voyons
que les roſes ſont heriſſées d'épines, que les baumes les
plus precieux & les mieux odorans, ſont deffendus par des
ſerpens, & que les rayons de miel quelques doux qu'ils
ſoient, ne laiſſent pas d'eſtre rendus redoutables par les é-
guillons des abeilles.

D 3

Ie

Ie dis donc , que lors que la ligne du foye est longue &
droite , & qu'elle s'auance en cette posture vers Saturne, ou
s'arreste en touchant la mensale , c'est veritablement alors
qu'elle est la ligne de prosperité , & qu'elle n'annonce
que des choses auantageuses & fauorables , comme j'ay
desia remarqué.

ARTICLE XV.

De la ligne naturelle , ou du cerueau.

LA ligne de la teste ou du cerueau sera auantageuse, &
l'on s'en deura loüer , si elle va quelque peu circulaire-
ment jusques au commencement du mont de la Lune ; d'autant qu'estant disposée de la sorte , elle suit parfaitement
la figure de la teste , d'où elle tire sa naissance.

Elle ne doit pas pourtant entrer tout à fait dans la montagne de la Lune , ny s'auancer jusqu'au coup de la main ;
à cause que par l'alliance de l'humide & froide Lune , ou
elle rendroit vn homme melancholique & lunatique , ou du
moins elle le découuriroit tel.

Car il faut generalement obseruer , que la disposition des
lignes se doit tirer de leur commencement , de leur milieu
& de leur fin ; Et s'il arriue que leur commencement , leur
milieu & leur fin reponde au siege , ou à la maison de
quelque Planete , il faut porter jugement suiuant la disposition qu'elles ont en cette partie , & conformément à ce
qu'elles peuuent emprunter du Planete dont elles touchent
le siege.

Cependant , pour vous faire connoistre plus aisément ce
qu'elles peuuent mandier des Planetes , j'ay voulu vous
mettre deuant les yeux la Table suiuante , par laquelle
vous pourrez voir dans vn moment le domaine , la nature,
& les effets de tous les Planetes.

TABLE.

TABLE.

De la nature & des effets principaux des Planetes.

Sous ♄ Qui est malin & l'infortune majeure.	Sont les Moines, les Hermites, les Corroyeurs, les Sauetiers, les Potiers, & tous les arts melancoliques. Les Laboureurs, les Auares, & tous les ouurages & offices sordides, comme encore les Maçons.
Sous ♃ Qui est benin & la fortune majeure.	Sont les Princes, les Ecclesiastiques, les Prestres, les Iurisconsultes, les Senateurs, les Cardinaux, les Richesses, les Loix, les Benefices, la Politique, & la gloire.
Sous ♂ Qui est malin & l'infortune mineure.	Sont les Chirurgiens, les Medecins, les Soldats, les Canonniers, les Serruriers, les Mareschaux, les Audacieux, les Seditieux, les Voleurs, les Tyrans, & regulierement tous les Coleriques. Les grands Exploits, tous les mestiers à fer, & la Chymie.
Sous ☉ Qui est doux bien faisant, & fortuné.	Sont les Barons, les Princes, les Marquis, les Magistrats, les Esprits nobles & releuez, les Ambitieux, l'Or, la magnanimité, l'Honneur & la Splendeur.
Sous ♀ Qui est biesfaisante & la fortune mineure	Sont les Chantres, les Iouëurs d'Instrumens, les Poëtes, les Sauteurs, les Femmes de ioye, les Peintres, les Cuisiniers, les Hommes sanguins, l'Amour, l'Humanité, la Musique, le Luxe, la Lasciueté, & toutes les autres choses voluptueuses.
Sous ☿ Qui est indifferent & n'est de soy ny bon ny mauuais.	Sont les Mathematiciens, les Philosophes, les Ecriuains, les Monnoyeurs, les Imprimeurs, les Libraires, les Rethoriciens, les Marchands, les Sculpteurs, les Larrons, les Voyages, les Inuentions de nouueautez.
Sous ☽ Qui est quelque peu fortunée & fauorable.	Sont les Chasseurs, les Pescheurs, les Couriers, les Cochers, les Matelots, & generalement tous les gens de Riuiere & de Marine, les Maladies & Infirmitez humides, aussi bien que les Reines & les veufues.

I'ay dit donc , que si la ligne du cerueau estoit d'vne telle longueur qu'elle occupast le siege de la Lune , elle denoteroit vn homme melancolique & lunatique , à cause que l'humidité & la froideur de la Lune seroient vnies auec l'humidité & la froideur que le cerueau possede desia de soy-mesme , si bien qu'il en reuiendroit quelque fascheuse & redoutable maladie du cerueau , semblable à ce qui ariue aux melancoliques & lunatiques. Et que cela soit dit pour montrer comment il faut juger des approches & du voisinage d'vne partie de quelque ligne, ou aux autres lignes, ou aux autres parties de la main.

Si la ligne du cerueau s'arreste au creux de la main , les Chyromantiens asseurent qu'elle marque vne personne auare , timide & infidelle ; peut-estre parce qu'elle semble estre épouuantée de l'empire & du siege de Mars , & chassée du lieu où elle deuroit étendre.

Mais ils souffriront s'il leur plaist , que je die vn peu plus raisonnablement , qu'vne telle personne est trauaillée de debilité de cerueau , comme il est aisé de voir par la foiblesse & l'impuissance de cette ligne.

Il faut aussi tirer de-là , que celuy qui a cette ligne marquée de quelques petits points , est sujet à vne pareille infirmité.

Mais si elle ne passe pas le doigt du milieu , & que la vitale suruenant la termine sous le mesme doigt , ou à l'angle gauche , elle signifie la mort dans la jeunesse , l'auarice & la mauuaise vie ; parce que les angles se confondent , & que la ligne de vie abandonne son propre siege pour se joindre auec vn cerueau infirme.

Si cette ligne est courbée à sa fin vers le doigt auriculaire , elle declare vn homme leger , volage & fou ; dautant qu'elle regarde le siege de Mercure auec vne mauuaise eleuation.

Que si elle est discontinuë ou tortueüse , elle découure vn vray larron , montrant clairement que le cerueau est d'vn temperament trompeur & malicieux.　　　　Enfin

Enfin si elle manque entierement, elle menace de quelque coup mortel & impreueu ; parce qu'elle marque le deffaut de la connoissance & de la sensation.

Au reste, il ne faut pas s'attacher à ce que j'ay leu dans
quelques Chyromantiens, qui disent que ces demy-cercles
(   ) en cette ligne marquent autant d'homicides
qu'il y en a ; & que cette fosse (   ) au milieu de la
mesme ligne, découure vn homme voleur & infidelle, sur
tout s'il a les yeux enfoncez & profonds.

ARTICLE XVI.

De la ligne mensale.

CEtte ligne est digne de loüanges, lors qu'elle est continuë & aussi profonde qu'il faut, jusques au de-là du
doigt du milieu, & c'est alors qu'elle promet vne nature
excellente, & qu'elle signifie vn homme juste & perseuerant dans le bien ; à cause qu'elle est admirablement bien
disposée.

Que si elle est plus longue, & qu'en sa fin elle s'épa-
noüisse en rameaux, de telle sorte qu'il y en ait vn qui
monte vers l'indice & vn autre qui descende vers le poulce,
tenez celuy qui l'a de la façon pour fortuné & pour aymable ; car en cette rencontre cette ligne s'ouure & s'étend
aux deux sieges auantageux de Iupiter & de Venus. D'où
il est aisé de juger qu'il faut inferer tout le contraire, si les
branches de cette ligne s'épandent dans le siege de Saturne.

Vous deuez d'ailleurs colliger que celuy est digne de tout
bien & de tout honneur, dont cette ligne entre dans l'indice, pourueu qu'elle soit ornée de Rameaux ; autrement
elle denoteroit vn homme cruel & enuieux, à moins qu'-
elle se rencontrast dans vn sanguin. Au reste, retenez
tout

tout ce que je viens de dire comme tres-probable.

Pour ce que je vay dire presentement, je ne vous le donne que comme incertain, & je souhaite que vous ne l'écoutiez qu'en cette qualité. Les Chyromantiens disent donc que si cette ligne entre dans l'indice & qu'elle n'ait point de rameaux, si c'est vne femme, elle declare qu'elle est grosse.

Si elle s'vnit auec la naturelle ou auec la vitale à l'angle superieur, & qu'elle occuppe droit toute la largeur de la main, elle annonce vne colere extreme, des pensées detestables, & l'effusion de sang.

S'il s'y rencôtre des demy cercles de cette sorte ( ) sous le doigt annulaire ou sous l'auriculaire, elle decouure vne grande douleur des parties que l'honnesteté nous oblige de tenir couuertes ; Et cela, adjoustent-ils, a esté prouué par vne longue experience.

Enfin, ils disent que lors que cette ligne ne monte pas droit à l'indice, mais peu à peu & par branches dans l'espace qui diuise l'indice du doigt du milieu ; elle promet des dignitez, qu'on ne doit posseder que peu à peu & par degrez.

ARTICLE XVII.

De la ligne du Soleil.

IL n'est point peut-estre de ligne d'où l'on puisse plus clairement connoistre la condition de quelqu'vn, que de celle-cy ; Car si elle est continuë & qu'elle ne soit point couppée depuis la ligne mensale jusqu'à la racine du doigt annulaire, elle denote vn homme honorable, magnanime, & splendide ; parce qu'elle occuppe sans enuie & sans opposition l'agreable mont du Soleil.

Mais si auec cette étenduë elle est entre-couppé de lignes
acciden-

accidentelles & eſtrangeres, elle marque bien l'amour des grandes choſes, mais dont on ne pourra jamais auoir la poſſeſſion, ſoit à cauſe des oppoſitions qu'on rencontrera, ſoit à raiſon de l'enuie dont on ſera attaqué, ſoit pour la pauureté qu'on ſouffrira, ſoit pour quelque maladie dont on ſera trauaillé.

Cependant, que celuy qui a cette ligne ainſi diſpoſée prenne garde, que quand la ligne qui l'entre-couppe vient du coſté de Saturne, il doit craindre tout ce que nous auons mis ſous Saturne en la Table des Planetes; & ſi elle vient du coſté de Mercure, il doit apprehender les choſes que nous auons logées ſous ce Planete.

Si cette ligne s'étend en rameaux à ſa fin, ou vers ſa racine du doigt annulaire, elle promet autant d'amis qu'il y a de rameaux, & d'ailleurs des dignitez & quelque ambition.

Et ſi elle vient à ſe courber vers les montagnes de Saturne ou de Mercure, elle predit des occupations & des emplois conformes aux conditions qui ſont ſujetes à l'vn ou à l'autre de ces Planetes.

ARTICLE XVIII.

De la ceinture de Venus.

CEtte ligne eſt touſiours vne marque de luxure, & ſi elle a vne ſœur, c'eſt vn indice manifeſte d'vne extreme lubricité, auſſi bien que d'auarice. La raiſon en eſt tres-euidente, à ſçauoir, qu'elle n'occuppe pas ſeulement les ſieges de Saturne & de Mercure, mais qu'elle les occupe en couppant la ligne du Soleil, & en affoibliſſant ou détruiſant entierement ſon bon augure. C'eſt pourquoy je penſe que cette ligne ſe trouue principalement dans les melancoliques, dont la bile noire eſt enflammée & mélée de bile jaune.

ARTICLE

ARTICLE XIX.

De la voye de laiƐt.

POurueu que la voye de laiƐt ferme le triangle mineur & le quadrangle, il importe fort peu comme que ce soit qu'elle soit disposée aux autres parties; n'estoit qu'elle se courbast trop vers le siege de la Lune; parce qu'en ce cas elle decouuriroit vn homme flegmatique & rustique; De mesme qu'elle en marqueroit vn cruel, seuere & rigide, si elle s'auançoit trop dans le siege de Mars.

Voila tout ce que j'ay creu estre obligé de dire des plus communes lignes, Ie vay maintenant examiner les figures qui en sont formées.

ARTICLE XX.

Du triangle majeur.

LA principale des figures que forment les lignes est le triangle majeur, lequel est estimé auantageux, lors que les flancs ou les costez en sont disposez de telle sorte, qu'ils font deux angles vn peu aigus, à sçauoir, le superieur & le droit, & vn autre obtus, sçauoir est le gauche.

Il ne doit pas estre absolument equilateral, ou à flancs égaux, mais auec quelque limitation & sans disproportion, & alors il indique vn homme propre aux choses de la guerre.

Que s'il est excessiuement étroit, il declare vne personne auare & tenante; à cause que la chaleur de Mars ne s'é-tend pas.

Et si les lignes ne s'vnissent pas en aucun des angles,

elles

elles menacent de la perte des biens & de l'honneur , parce qu'elles dénotent vn homme lâche , mol & tepide .

Les Chyromantiens adjouſtent que ſi le triangle manque à quelque femme , c'eſt vn ſigne tres-conſtant que ſes couches la mettront en grand danger de ſa vie.

ARTICLE XXI.

De l'angle ſupreme.

LEs Chyromantiens apportent vn grand nombre de choſes de cet angle , lequel pour eſtre à eſtimer ſe doit trouuer droit ſous la conjonction de l'indice auec le doigt du milieu , & alors il demontre vn bon jugement , & vne excellente nature.

Que ſi cet angle n'eſt du tout point , c'eſt vn ſigne d'vn homme ſtupide pour les choſes ſpeculatiues , & peu fidelle ; parce que la ligne du cerueau ſe retire de celle de vie , c'eſt pourquoy auſſi cet homme ne peut eſtre qu'vn parleur inconſideré.

Toute-fois ce n'eſt pas moins vn ſigne d'vn guerrier temeraire ; parce que comme j'ay dit , la ligne du cerueau ne touche point celle de vie , d'où vient qu'il s'expoſera aux dangers ſans conſideration de ſa vie & de ſon ſalut.

Il ſuit encore de là , que toutes les fois que cet angle eſt diuiſé , il marque la perte tant de l'honneur que des biens.

Et s'il ſe forme dans le creux de la main ſous le doigt du milieu , il ſignifie vne vie miſerable & vne perſonne timide & pareſſeuſe ; & cela d'autant plus deſ-aduantageuſement qu'il approche plus du doigt du milieu , parce qu'en cette conjoncture là chaleur de Mars eſt entierement detruite par la froideur & par la ſechereſſe de Saturne.

Receuez maintenant ce que les Chyromantiens auançent
peut-eſtre

peut-eftre fans raifon. Premierement , que fi la ligne vitale & la naturelle ne forment point d'angle, & qu'au lieu où
deuroit eftre l'angle il y ait ces rides ( ) elles denotent vn homme homicide & infidelle ; fi celles-cy ( )
s'y rencontrent , elles marquent vn homme lafcif, joüeur ,
& attaché à fon propre fentiment. Secondement , ils difent que fi cette croix ( ) fe trouue dans le triangle vers
l'angle fuperieur , elle indique quelque coup ; & fi elle eft
formée de cette façon ( ) elle promet des biens acquis
par le moyen des femmes,

ARTICLE XXII.

De l'angle droit.

CEt angle doit eftre quelque peu aigu , apparent &
net , & alors il fignifie vne bonne complexion, & vne
forte inclination à la vertu , comme nous le tirons de la
parfaite & fincere vnion des lignes de generation & de
nutrition.

Lors qu'il paroit à peine , il declare vn homme infidelle , intereffé , & ne cherchant que fon propre bien, à caufe
que dans luy la bonté de la ligne de vie femble auoir honte
de s'allier à la bonté de la ligne du fang.

Mais les Chyromantiens adjoûtent , que fi les lignes de
cet angle font feparées , & qu'à l'endroit de la feparation il
y ait vne croix de cette façon ( ) qui touche les lignes
du cœur & du foye , vous pourrez hardiment promettre vne
bonne fin à celuy qui la porte,

Les mefmes Autheurs affeurent , que cette figure ( )
vers cet angle eft vne preuue infaillible qu'vne femme eft
groffe d'vn mâle.

ARTICLE

ARTICLE XXIII.

De l'angle gauche.

IL faut que cet angle soit vn peu obtus, apparent & net, afin qu'il signifie vn bon esprit & vne longue vie, comme la juste vnion du sang & du cerueau le conuainquent.

S'il est aigu, il decouure vn homme chicquaneur, querelleux & méchant; parce que cette pointe ne sçauroit estre à moins que la ligne du sang soit arrachée & extremement éloignée de son propre siege.

S'il apparoit à peine, il marque vne personne maladiue & stupide, à cause que la bonté du sang refuse de s'associer auec l'humidité du cerueau.

S'il n'est du tout point, l'on est menacé d'vne tres-grande infirmité d'estomach & de foye; parce que cela procede d'vn notable deffaut du sang ou de la teste.

Enfin ceux qui sont les mieux experimentez en cette science asseurent, auec assez de vray-semblance & de probabilité, que quand cet angle est long & aigu vers la percussion de la main, il marque constamment que l'on se noyera, pour autant que la ligne du sang & celle du foye se jettent injustement, & contre l'ordre des choses, dans la region de la Lune, qui preside aux eaux.

ARTICLE XXIV.

Du triangle mineur.

LES Chyromantiens disent fort peu de choses du petit triangle; tellement que la seule que j'estime digne

d'estre

d'eſtre remarquée, eſt que ce triangle a l'angle ſupreme
contre l'angle gauche du triangle majeur, & le droit contre le droit du meſme triangle ; & qu'il en faut juger ſuiuant
ce qui a eſté dit des angles droit & gauche du grand triangle.

Et pource qui eſt de l'angle gauche de ce triangle mineur, lequel eſt formé de la ligne de la teſte & de la voye
de laiƈt, il vous faut ſeulement obſeruer qu'il occuppera ſa
legitime aſſiette, s'il ſe forme droit ſous la jonƈtion du
doigt annulaire auec l'auriculaire.

Apres quoy vous deuez juger de l'éloignement de ce
lieu aduantageux, conformément à la nature de la partie
vers laquelle il ſe deſtourne ; Car ou c'eſt vers le coup de
la main, & alors concluez ſuiuant la condition de la Luue,
qui a là ſon empire ; ou c'eſt vers le poulce, & alors formez
voſtre jugement ſuiuant la condition de Mars, qui domine
au triangle majeur.

ARTICLE XXV.

Du quadrangle.

COmme nous auons dit cy-deſſus, que la table eſt large aux deux extremitez, & que le quadrangle eſt vne
partie de cette table, à ſçauoir, celle qui va depuis le milieu de la table vers la percuſſion de la main, le quadrangle
ne ſçauroit auoir les flancs égaux. Neantmoins, s'il eſt auſſi
large & auſſi droit que le peut ſouffrir ſon aſſiette, il denote vne perſonne liberale & fidelle ; parce qu'il a la ligne du
cerueau, celle du ſang, la voye de laiƈt & la menſale bien
diſpoſées.

Reçois maintenant ce que les Chyromantiens enſeignent,
je ne ſçay pour quelle raiſon, ſçauoir eſt, que s'il y a d'autres petits quadrangles en nombre pair dans le grand, ils
promeſ

promettent vne grande fortune , & le contraire s'ils font en nombre impair.

Que s'il n'y a du tout point de croix , ny de triangle dans le quadrangle , la perfeuerance en toute forte de biens jufques à la mort en eft demonftrée.

Que s'il s'y rencontre vne croix , c'eft vn figne de beaucoup de peine & de trauail pour les honneurs.

Et fi cette croix eft profonde, & qu'elle foit accompagnée d'autres petites lignes entre-couppées en forme de croix, c'eft vne marque que l'on paffera la vie , & que l'on receura la mort dans les honneurs.

Enfin fi cette croix principale n'eft que double , elle accufeceluy qui l'a d'vne vaine gloire demefurée.

ARTICLE XXVI.

De la Table.

SI la table eft au milieu de mediocre eftenduë , en forte qu'elle ne foit , ny trop étroite , ny trop large , elle fignifie vn homme bien temperé , craignant Dieu , & amateur de la vertu ; Car fi elle eftoit trop étroite , elle en marqueroit vn auare ; & fi elle eftoit trop large , elle en denoteroit vn prodigue , comme j'ay des-ja touché dans l'Article precedent.

Les Chyromantiens adjoûtent que fi elle eft parfemée de quelques rameaux vers le mont de l'indice , elle decouurira bien vn homme infirme de corps , mais fort & genereux d'efprit ; peut-eftre à caufe que la ligne menfale fe dilatera dans le fiege de Iupiter , paffant par l'empire de Saturne immediatement auant que de s'ouurir.

Et voila tout ce que l'on peut dire des figures fixes & communes formées par le concours des lignes. Ie vay

maintenant traiter des montagnes des Planetes , en suite
dequoy je parleray des figures accidentelles & extraordi-
naires.

ARTICLE XXVII.

Du mont du poulce , & de Venus.

LE mont de ce doigt n'eſtant , ny trop éleué , ny trop
deprimé , & ne ſe trouuant pas chargé d'vne grande
multitude de lignes, marque vne perſonne aymable,& mo-
derée en ſes paſſions , Ce qu'on collige de ce que Venus
ne s'explique pas auec excez , ny par les lignes , ny par la
graiſſe.

Que s'il eſt haut,rond, & de la couleur de Venus ou de
Iupiter, encore qu'il n'ait point de lignes, il ne laiſſe pas de
ſignifier vn homme amateur des femmes & des beaux
habits.

Que ſi l'on adjoûte les lignes à l'eminence & à la rondeur de ce mont , la raiſon contraire conuainc qu'il montre vn homme luxurieux,& amateur de la muſique.

Mais afin que vous connoiſſiez parfaitement en quels
monts cette rondeur ſe trouue , prenez garde à la ligne
de vie, & ſoyez perſuadé que cette montagne de Venus ſera
d'autant plus ronde, que cette ligne ſera plus recourbée en
cercle.

Au reſte les Chyromantiens aſſeurent(mais ſans mentir,Ie
ne vois pas pour qu'elle raiſon) que ſi cette figure (℞)
eſt ſur le dos du poulce , elle menace celuy qui l'a qu'il
moutra pendu & eſtranglé.

Que celle-cy (✳) en forme d'eſtoile , promet des biens
par le moyen des femmes.

Et qu'vn triangle en cette montagne , pronoſtique des
heritages.

ARTICLE

ARTICLE XXVIII.

Du mont de l'indice, & de Iupiter.

Lors que le mont qui respond à l'indice sera assez éle-ué, il indiquera vn homme ingenieux & speculatif ; pour autant que la fortune majeure se fait voir par cette eleuation.

D'où vient que s'il y a de petites croix bien disposées & bien formées, elles promettent des dignitez, des prelatures & des richesses ; parce que Iupiter preside aux choses de cette nature.

Vous pouuez asseurer le mesme, s'il se rencontre vn triangle bien fait dans le mesme siege de Iupiter.

Cette figure (   ) sous le doigt de Iupiter for-mée de telle sorte, que les branches en regardent le doigt du milieu, menace de mort soudaine par apoplexie ; parce qu'abbandonnant Iupiter, qui est tres-fortuné, elle s'auan-ce vers le mal-heureux & funeste Saturne.

S'il y a dans cette montagne des lignes s'entre-couppant de cette façon (   ) ou de quelqu'autre semblable, elles declarent, ou vne persecution excitée par des personnes puissantes, ou quelque dommage causé par les femmes ; parce que les lignes estrangeres & venuës par accident, em-peschent & couppent en quelque façon le cours de la for-tune promise par Iupiter.

Ceux qui se meslent de cet art adjoustent que s'il arriue qu'il y ait vne petite ligne en cette montagne au bout de la mensale, & qu'il s'en forme vne croix, c'est vn signe que l'on sera Religieux.

Et s'il y vient vne petite estoille, c'est vne marque que l'on sera tres-fortuné chez les Grands.

E 2   ARTICLE

ARTICLE XXIX.

Du mont du doigt du milieu, & de Saturne.

AFin que le mont de ce doigt foit auantageux , il doit eftre fans lignes , & alors il promet vne vie pacifique; dautant que ce fiege eftant mauuais de foy , à peine fe pourroit - il eftendre à la faueur des lignes , fans s'ouurir & s'étendre au mal.

S'il eft raifonnablement éleué , il predit du bon-heur en l'agriculture, & aux affaires domeftiques ; à caufe qu'il prefide à ces chofes.

Au contraire , s'il eft trop deprimé, il menace d'affliction & de perte de biens , ou fonds de terre , pour la raifon contraire.

Les Chyromantiens affeurent que des petites lignes formées de cette façon ( ) ou de quelque autre femblable fur cette montagne , pronoftiquent des trauaux , & d'autant plus durs que ces lignes font apparentes.

Et d'ailleurs,que quelques lignes difpofées en forme d'échelle en cette mefme montagne , predifent vne fiévre longue,ou quarte,ou bien vn emprifonnement.

ARTICLE XXX.

Du mont du doigt annulaire, & du Soleil.

IL n'y a rien de particulier à dire de ce mont , il ne faut que voir ce qui a efté dit de la ligne du Soleil;car j'ay deduit tout ce qui luy appartient. Ie rapporteray feulement les fentimens qu'en ont quelques Chyromantiens.

Ils foûtiennent donc , que fi en la montagne du Soleil il

y a

y a vne efpece de foffe femblable à vne verruë , elle denote quelque danger par eau , mais j'ignore pour quelle
raifon.

En fuitte ils difent que cette figure (φ) ou quelque
femblable fous le doigt annulaire , marque des douleurs , &
vne maladie aux yeux.

De moy je ne fçaurois defaduouër que fi le mont de ce
doigt eft affez éleué , & qu'il ait certaines lignes droifes en
long, en forte qu'elles femblent des fœurs de celle du Soleil,
il ne defcouure vn homme aymable, ingenieux & digne
d'honneur ; au contraire fi ces lignes font pofées en large &
à la trauerfe.

ARTICLE XXXI.

Du mont du doigt auriculaire, & de Mercure.

IL eft affeuré que le mont de Mercure merite des loüanges, lors qu'il eft affez eminent, & c'eft alors qu'il denote vn homme tres - propre à la profeffion qu'il fait , & mefme ingenieux aux fciences ; à caufe que Mercure prefide à
ces chofes.

Mais fi ce mont eft bas & deprimé , il accufe celuy qui
l'a de la forte d'eftre trompeur , chiquaneur & menteur ;
parce qu'alors Mercure ne s'explique & ne s'eftend pas autant qu'il faut dans fon propre fiege.

Il faut juger des lignes qui fe trouuent en cette montagne felon la difpofition qu'elles ont , conformément à ce
que nous auons des-ja dit des autres montagnes en particulier.

Ie vous prefente maintenant ce que les Chyromantiens
enfeignent, fçauoir eft , que s'il fe trouue fur ce mont vn

demy cercle, qui foit court & profond , il menace de mort
fubite.

Ils adjoûtent que s'il y a trois lignes bien difpofées , &
ordonnées de cette façon (| | |) elles demonftrent vne per-
fonne ingenieufe & de bonnes mœurs.

Au contraire , fi elles font entre - couppées , elles déf-
couurent vn larron , fuiuant la proportion des mefmes
lignes.

Il ne me refte rien à dire du mont de Mars, apres ce que
j'ay enfeigné du triangle majeur , du triangle mineur, & du
quadranle.

ARTICLE XXXII.

Du mont de la Lune.

SI le mont de la Lune eft net & fans lignes, il fignifie vn
homme pacifique & veritable ; parce que la Lune femble y regner paifiblement & fans aucun trouble ou remuë-
ment des humeurs.

Mais s'il s'y trouue quelques lignes bien ordonnées,
elles marquent bien quelque émotion, mais moins odieufe ;
au lieu que fi elles font confufes & defordonnées , elles
prouuent le contraire ; & d'ailleurs, elles denotent vn homme mal-heureux en toutes chofes.

Les Chyromantiens difent que s'il y a vne groffe eftoile,
elle promet vn heritage.

Il eft temps maintenant que je touche briefuement les
lignes accidentelles , fuiuant la promeffe que j'en ay faite.
Soyez toutefois aduerty , que je rapporteray pluftot ce
que les Chyromantiens enfeignent , que ce que la raifon
dicte.

ARTICLE

ARTICLE XXXIII.

Des Croix.

VNe petite croix au mont de Mercure plus vers la ligne mensale, que vers la racine du doigt auriculaire, exprime vn voyage auec honneur.

Vne petite croix proche de la mensale dans la table mesme, & vers le doigt annulaire, porte des inimitiez.

Vne croix petite & claire dans l'espace qui est entre la troisiéme & seconde jointure de l'indice, promet l'amitié des personnes nobles, tant hommes que femmes.

Mais si elle est dans l'espace de la premiere & de la seconde jointure, elle predit des biens par le moyen des femmes, & elle declare la luxure dans les femmes mesmes.

Les croix en la montague de Venus, descouurent des adulteres, sur tout si elles sont disposées de cette sorte ☓ ☓

Vne petite croix au mont de Iupiter, montre des dignitez, mais si elle s'estend ainsi d'vn costé (☓) elle marque que l'on n'acquerra ces dignitez qu'auec grande difficulté.

Enfin vne croix au bout de la ligne vitale dans le mont u poulce, promet vne bonne fin.

ARTICLE XXXIV.

Des petites Etoiles.

L'Etoile assez profonde & apparente vers le commencement de la ligne mensale, indique vn homme fortuné hors de sa patrie.

 L'etoile

L'étoile mal formée & disposée tortueüsement sur le mont de Iupiter , menace de pauureté , & de foiblesse d'esprit.

L'étoile bien formée au mont du doigt de l'anneau, ou du Soleil , marque l'accroissement des biens par l'aide des amis. Et si elle est à l'angle supreme , elle promet des heritages.

ARTICLE XXXV.
De diuerses lignes.

LA ligne qui tend sans discontinuation depuis le mont de Venus jusqu'au doigt auriculaire , marque quelque lesion à la teste.

La ligne vn peu courbe, qui se leue aupres de la ligne vitale , vers la premiere razette dans le mont de Venus , & qui s'éleue dans le mesme mont , designe vne personne magnanime.

Quand la ligne tortuë monte des razettes par le coup de la main, elle menace de prison, peut-estre perpetuelle.

Enfin , si vne ligne monte du triangle au quadrangle, & qu'à sa fin (sans qu'elle touche la mensale) luy en vienne vne autre petite qui fasse vne croix, elle predit vne mort violente.

Ie vous donne maintenant vne Table , par laquelle vous pourrez connoistre ce que vous deuez juger de chaque Planete ; Car encore que je vous aye des-ja fait voir cela par vne autre table, ç'a esté neantmoins d'autre façon, & celle-cy n'apportera pas peu de clarté en cette matiere.

TABLE

TABLE.

Par laquelle ou peut connoiſtre ce qu'il faut juger de chaque Planette.

De ♄	La fortune & l'infortune, les choſes melancoliques & les afflictions.
De ♃	Les honneurs, les dignitez, les leſions & bleſſures de la teſte.
De ♂	La force, la colere, & les choſes qui appartiennent à la guerre.
Du ☉	Les amitiez, & les inimitiez.
De ♀	La luxure, ou la chaſteté, les mariages, ou le celibat.
De ☿	Le jugement ou la ſtupidité, la facilité ou la difficulté de parler.
De la ☾	Les pelerinages & les voyages, tant par mer que par terre.

Si j'ay rapporté quelquefois ſur la fin des Articles precedens quelques opinions incertaines des Chyromantiens, à dire le vray, je tiens tres-incertaines toutes celles que je rapporteray preſentement touchant les lettres que l'on voit quelquesfois parfaitement bien formées aux ſieges des Planetes, & que je ne ſçay ſi l'experience les a obligez d'enſeigner. Ie commence donc par la premiere lettre.

ARTICLE

ARTICLE XXXVI.

De la lettre A.

SI cette lettre se rencontre au lieu de Iupiter , elle deno-ste vn homme riche , fidelle , amy des Princes & des Grands.

Si au lieu de Mars , elle marque vn homme méchant & cruël.

Si au lieu du Soleil , elle signifie vn homme heureux en ses amitiez.

Si au lieu de Venus, elle descouure vn homme infidelle, & amateur des pauures femmes.

Si au lieu de Mercure , elle demontre vn homme studieux , curieux , & qui doit tomber dans de grands perils pour sa curiosité.

Si au lieu de la Lune, elle declare vn homme prodigue,& de son corps & de ses biens.

ARTICLE XXXVII.

De la lettre C.

CEtte lettre au siege de ♃ , est la marque d'vn homme aymé des Princes,mais non pas de ses parens.

Au siege de ♂, elle signifie vn homme Mathematicien & Geometrien.

Au siege du ☉ , elle manifeste vn homme d'humeur à battre ses parens & ses proches.

Au siege de ♀ , elle descouure vn homme qui aura des frequentations charnelles & deshonnestes auec ses proches parentes , & commettra des pechez de cette nature auec elles.   Au

Au siege de ☿, elle indique vn Ecriuain & vn Alchimiste.

Au siege de la ☽, elle declare vn homme enclin au mal, & amateur des sciences profondes & difficiles.

ARTICLE XXXVIII.

De la lettre D.

CEtte lettre au mont de ♃, denote vn homme infidelle & incestueux.

Au mont de ♂, elle exprime vn homme verseur de sang & sur tout de ses proches, toutefois fortuné en beaucoup de choses.

Au mont du ☉, elle declare vn homme possesseur du bien d'autruy, & éleué par le merite des autres.

Au mont de ♀, elle decouure vn homme interprete des songes.

Au mont de ☿, elle marque vn homme Astrologue, Nigromantien, & amateur des filles de petite taille.

Au mont de la ☽, elle montre vn homme propre & disposé aux exercices faciles.

ARTICLE XXXIX.

De la lettre E.

CEtte lettre dans l'empire de ♃, promet des biens par les femmes, & la haine des parens.

Dans l'empire de ♂, elle est vn signe d'vn homme inquiet, & amoureux des pauures femmes.

Dans l'empire du ☉, elle signifie vn homme fortuné, & aymé honnestement des hommes, & deshonnestement des femmes.

Dans

Dans l'empire de ♀ , elle menace de confusion à cause des femmes.

Dans l'empire de ☿ , elle promet des biens par le moyen de la luxure, & descouure des intrigues & des negociations veneriennes.

Dans l'empire de la ☽ , elle declare vn homme inconstant & changeant en ses amours illicites.

ARTICLE XL.

De la lettre F.

CEtte lettre dans le domicile de ♃ , donne asseurance d'vn homme fortuné veritable , & de probité.

Dans le domicile de ♂ , elle rend témoignage d'vn homme fou, quelque peu cacquetteur & menteur.

Dans le domicile du ☉ , elle fait foy d'vn homme tres-sçauant, & tres-habile en plusieurs sciences.

Dans le domicile de ♀ , elle promet la science par plusieurs trauaux & voyages.

Dans le domicile de ☿ , elle descouure vn homme fin, & de robbe longue.

Dans le domicile de la ☽ , elle exprime vn homme studieux, speculatif, & fortuné auprès des personnes riches.

ARTICLE XLI.

De la lettre G.

CEtte lettre sur la petite montagne de ♃ , declare vn homme luxurieux, mais en secret.

Sur celle de ♂ , elle accuse vn homme d'estre malicieux & perseuerant dans le mal.

Sur

Sur celle du ☉, elle indique vn homme fortuné chez les personnes nobles & puissantes.

Sur celle de ♀, elle promet quelques biens par les femmes.

Sur celle de ☿, elle descouure vn amateur des femmes & des filles pauures.

Sur celle de la ☽, elle fait esperer des richesses par l'ayde des femmes.

ARTICLE XLII.

De la lettre O.

CEtte lettre en la ligne mensale sous le doigt annulaire ou sous l'auriculaire, accuse de luxure Sodomite & Sacrilege, ou mesme elle menace de quelque maladie aux parties honteuses & au fondement ; & d'autant plus que cette lettre aura de rameaux, d'autant plus aussi pronostiquera-t'elle les choses precedentes.

Voila toutes les lettres qui se peuuent trouuer generalemens dans la main. Que s'il s'y en rencontre d'autres, elles predisent tousjours quelque mal, osté le B. qui ne signifie jamais que du bien, en quelque part qu'il soit situé.

Ie sçay que les Chyromantiens attribuent quelques caracteres particuliers à chaque Planete ; mais aussi n'ignore-je pas qu'il n'est rien au monde de plus absurde, ny qui ruine dauantage d'honneur la Chyromantie. En effet ces caracteres frappent d'horreur au premier abord, & ressentent estrangement sa Negromantie. Ie ne vous en veux donner qu'vn exemple, pour vous les faire tous detester. Ils asseurent du Soleil qu'il a sous soy ces caracteres ♌ ♃ . ♈ . ♒ Ces figures ne sont-elles pas effroyables, & ne sentent-elles pas son fagot ? Ie m'abstiens donc de les rapporter toutes pour l'honneur de la Chyromantie. ADVIS

ADVIS ET PROTESTATION
de l'Autheur.

MOn cher Lecteur, voila tout ce que j'ay creu vous
deuoir apprendre de la Chyromantie. I'auois fait
deſſein d'y adjoûter ce que les Phyſionomes ont accouſtumé de dire des lignes du front ; mais comme ce fidelle amy
qui a fait cette Traduction en a traitté fort au long dans la
Phyſionomie qu'il a compoſée, & que je l'ay prié de reuoir
pour vous la donner au pluſtot, comme il m'a promis de
le faire, j'ay creu qu'il n'euſt pas eſté de la bien-ſceance de
m'ingerer à vous expliquer ce qu'il vous expliquera luy-
meſme ſi parfaitement : Si bien qu'il ne me reſte plus qu'à
vous prier de croire que je ne pretends pas dans ce petit ou-
urage auancer quelque choſe qui chocque la liberté. Que ſi
j'en ay dit effectiuement quelqu'vne qui la touche, je ne
l'ay pas dite de ma teſte, ny comme vne choſe aſſeurée,
mais ſeulement ſuiuant le ſentiment des autres, & comme
vne choſe probable ; ou ſi vous aymez mieux, je ne l'ay fait
que par forme de doute ou de recreation, comme vous
pourrez aiſément juger. Pour ce qui eſt des autres choſes
que j'ay écrites de moy - meſme & ſuiuant mon ſentiment,
je les approuue comme naturelles ; & s'il s'y en eſt gliſſé
quelques - vnes par mégarde qui ſoient contraires aux Decrets de l'Egliſe, je declare que je les deſauoüe & que je les
reuocque ſolemnellement.

FIN.